마주 보는 세계사 교실

08

현대가 두 얼굴로 나타나다

웅진주니어

마주 보는 세계사 교실 | 08 | 현대가 두 얼굴로 나타나다

초판 1쇄 발행 2009년 5월 14일
초판 44쇄 발행 2024년 7월 11일

글쓴이 정범진 | 그린이 김재홍, 김수현
발행인 이봉주 | 도서개발실장 안경숙 | 편집인 이화정 | 책임편집 송재우
아트디렉터 이은영 | 디자인 김세진
기획 장산곶매, 길유진 | 편집 한재준, 엄수연, 류증희 | 교열 백수미
마케팅 정지운, 박현아, 원숙영, 김지윤, 황지영 | 제작 신홍섭

펴낸곳 (주)웅진씽크빅
주소 경기도 파주시 회동길 20 (우)10881
문의전화 031)956-7523(편집), 031)956-7569, 7570(마케팅)
홈페이지 www.wjjunior.co.kr | 블로그 blog.naver.com/wj_junior
페이스북 facebook.com/wjbook | 트위터 @new_wijr | 인스타그램 @woongjin_junior
출판신고 1980년 3월 29일 제406-2007-00046호 | 제조국 대한민국 | 사용 연령 7세 이상

ⓒ 정범진, 2009 (저작권자와 맺은 특약에 따라 검인을 생략합니다.)

ISBN 978-89-01-09493-9
ISBN 978-89-01-07496-2(세트)

웅진주니어는 (주)웅진씽크빅의 유아·아동·청소년 도서 브랜드입니다.
이 책은 저작권법에 따라 보호받는 저작물이므로 무단전재와 무단복제를 금지하며,
이 책 내용의 전부 또는 일부를 이용하려면 반드시 저작권자와 (주)웅진씽크빅의 서면동의를 받아야 합니다.

잘못 만들어진 책은 바꾸어 드립니다.
※주의 1_책 모서리가 날카로워 다칠 수 있으니 사람을 향해 던지거나 떨어뜨리지 마십시오.
        2_보관 시 직사광선이나 습기 찬 곳은 피해 주십시오.

마주 보는
세계사 교실

08

현대가
두 얼굴로 나타나다

정범진 글 김재홍, 김수현 그림

웅진주니어

글쓴이의 말

문명과 야만의 두 얼굴을 한 현대 세계

이제는 20세기부터 지금까지 이어지는 현대 세계를 살펴볼 차례가 되었구나. '현대'라는 말 자체가 지금의 시대, 곧 우리가 살고 있는 시대를 말해. 그러니 더욱 관심이 갈 거야. 그럼 우리가 살고 있는 세계는 어떤 모습일까?

현대 문명은 이전 문명의 모습과 여러모로 비슷한 듯하면서도 또 달라. 20세기에 발달한 자동차와 비행기, 무선 통신, 인터넷 같은 교통 통신 수단 덕분에 세계는 더욱 가깝고 촘촘히 이어졌어. 엄청나게 많은 사람과 물자가 도시와 도시, 나라와 나라, 대륙과 대륙을 빠르게 넘나들었고, 수없이 많은 사람의 생각과 생활이 빠르고도 복잡하게 얽혀 들었지.

이와 함께 인류는 일찍이 없던 풍요와 민주주의를 누릴 수 있게 되었어. 19세기 말에는 지구상에서 최고의 갑부라도 상상조차 못했을 만큼 풍요로운 삶을 엄청나게 많은 사람이 누리며 살고 있어. 또 많은 사람이 자유와 권리를 마음껏 누리며 살고 있지.

하지만 조금만 더 눈을 넓히면 현대 시대만큼 인류가 야만적인 짓을 저지른 적도 없었어. 수백만 명의 유대 사람을 죽인 파시즘이나, 수천만 명을 죽음으로 몰고 간 두 차례의 세계 전쟁을 생각해 보렴. 또 한편에서는 풍요가 흘러넘치다 못해 음식이 버려지고 썩어 가는데, 다른 한편에서는 수많은 사람이 먹을 것이 없어 죽어 가고 있는 세계라니, 이런 끔찍한 야만은 그 전에는 없었어.

그리고 더 많은 사람이 더 많은 풍요를 누리는 동안, 자원이 갈수록 바닥나고 생태계가 파괴되면서 이제 풍요는커녕 인류의 생존 자체도 위협받고 있어. 게다가 인류의 손에는 지구의 파괴와 인류의 멸종을 지금 당장이라도 앞당길 수 있는 무시무시한 핵무기가 들려 있어.

우리는 과연 현대 세계의 놀라운 물질적 풍요를 이어 가면서도, 우리 눈앞에서 펼쳐지는 끔찍한 야만을 벗어던질 수 있을까? 정말 쉽지 않은 과제야. 그렇다고 미리 절망할 필요는 없어. 어느 시대에나 사람들은 당시로서는 가장 끔찍한 일들을 겪었고, 도저히 넘어설 수 없을 듯한 수많은 어려움에 부딪쳤단다.

하지만 언제나 희망을 포기하지 않고 그런 문제를 풀려고 노력하는 사람들이 있었어. 우리도 과거 사람들에게서 물려받은 이 세계를 더 나은 세계로 만들어 우리 후손에게까지 물려주어야 하지 않겠니?

선생님은 너희들이 이 책을 읽으며 다음 두 가지 질문에 대해 답을 찾을 수 있었으면 한단다. 하나는 현대 시대에 왜 이런 문명과 야만이 동시에 펼쳐졌을까 하는 점이야. 또 하나는 이런 문명과 야만의 현대 세계를 만들어 내고 이끌어 간 사람들은 도대체 누구였을까 하는 것이야.

자, 그럼 현대 세계의 역사 속으로 뛰어들어 볼까? 이미 지나가 버린 과거 사람의 역사가 아닌 지금 우리가 살고 있는 세계 속으로, 더 나은 세계를 꿈꾸면서 말이야.

2009년 5월 정범진

1 전쟁과 혁명의 시대

대중 시대의 시작 10 　클릭! 역사 속으로 ｜ 멕시코 혁명 정신을 벽에 새긴 디에고 리베라 25

제국주의 전쟁에 휩싸인 유럽 26 　클릭! 역사 속으로 ｜ 장애를 딛고 사회 개혁에 앞장선 헬렌 켈러 39

세계 최초의 사회주의 국가 등장 40
　클릭! 역사 속으로 ｜ 세계 동시 혁명을 주장한 트로츠키 53

민주주의와 대중 운동의 물결 54
　클릭! 역사 속으로 ｜ 중국을 사랑한 혁명가, 쑹칭링 65
　아, 그렇구나 ｜ 전쟁으로 이득을 보는 사람들이 있어요 66

2 암흑과 폐허에서 일어나는 세계

세계를 휩쓴 대공황과 파시즘 70 　클릭! 역사 속으로 ｜ 고통 받는 노동자와 함께한 시몬 베유 83

인류 역사상 가장 참혹한 전쟁 84 　클릭! 역사 속으로 ｜ 나치의 잔인한 만행을 일기로 고발한 안네 프랑크 97

새로운 시험대에 선 유럽 98 　클릭! 역사 속으로 ｜ 개인의 자유와 양심을 위해 싸운 사르트르 107

새 국가 건설에 나선 아시아 108
　클릭! 역사 속으로 ｜ 팔레스타인 해방 운동을 이끈 야세르 아라파트 119
　아, 그렇구나 ｜ 우리의 생활을 든든하게 지켜 줘요 120

3 경제적 풍요와 민주주의의 확대

냉전 체제의 변화 124
클릭! 역사 속으로 | 비동맹주의 깃발을 내세운 티토 139

급속한 경제 성장의 빛과 그늘 140
클릭! 역사 속으로 | 자신을 불살라 세상을 밝힌 전태일 151

기존 질서에 저항하는 새로운 움직임 152
클릭! 역사 속으로 | 녹색 운동의 잔 다르크, 페트라 켈리 165

새로운 변화의 물결 166
클릭! 역사 속으로 | 아프리카 합중국을 꿈꾼 은크루마 177

아, 그렇구나 | 지속 가능한 발전이 필요해요 178

4 세계화 시대와 새로운 도전

새롭게 떠오르는 아시아 182
클릭! 역사 속으로 | 아시아적 가치를 바탕으로 번영을 이룬 리콴유 193

신자유주의의 등장과 사회주의의 몰락 194
클릭! 역사 속으로 | 신자유주의의 깃발을 치켜든 마거릿 대처 207

세계화의 빛과 그늘 208
클릭! 역사 속으로 | '나에서 우리로' 정신을 실천한 크레이그 킬버거 219

아, 그렇구나 | 우리가 함께 희망을 만들어 가요 220

마주 보며 나누는 마지막 이야기 222

연표 234 찾아보기 236

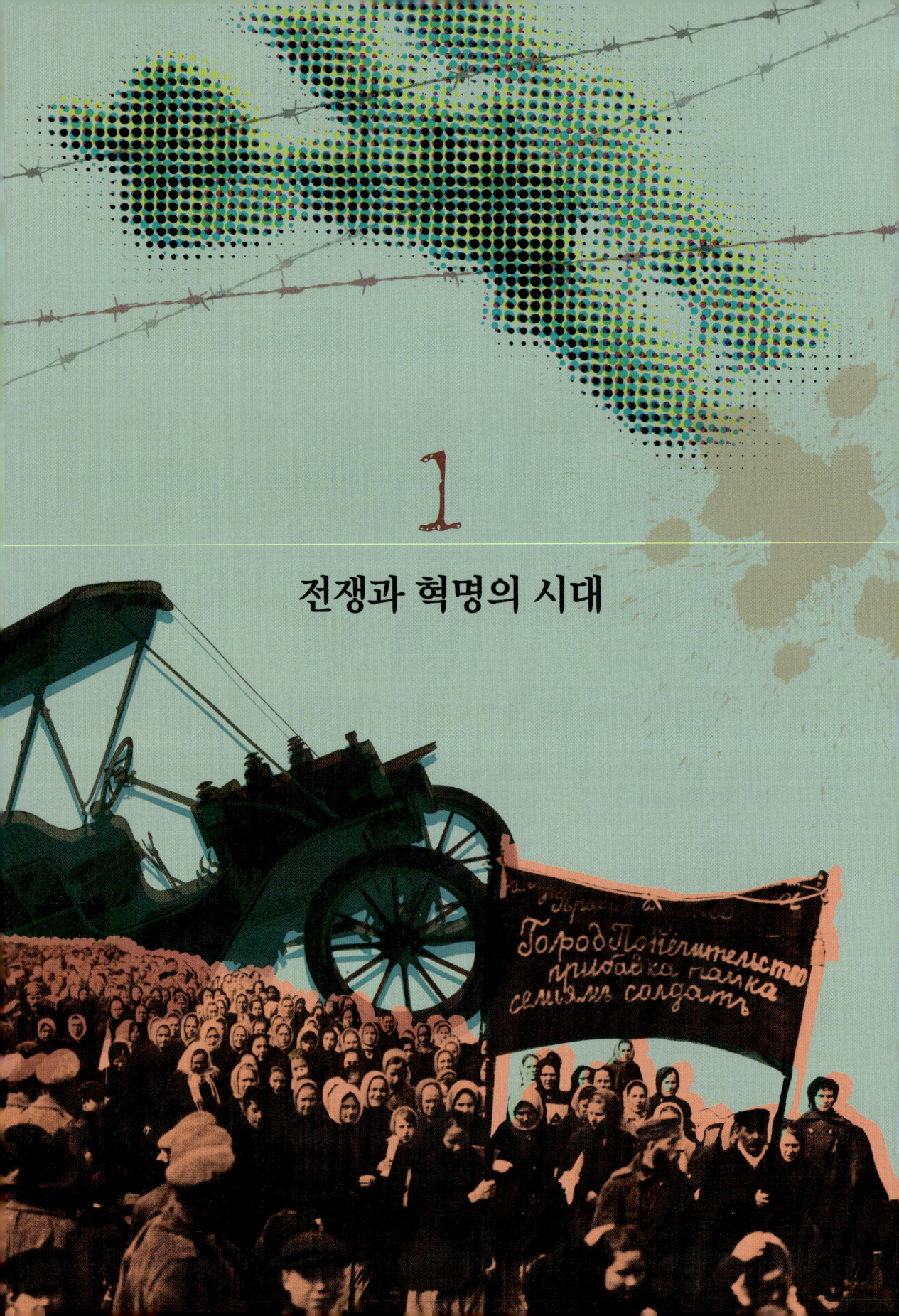

1

전쟁과 혁명의 시대

20세기로 접어들 무렵, 자본주의의 발달은 제국주의 국가의 등장으로 이어졌어. 제국주의 국가들은 팽창하면서 치열한 경쟁을 벌였고, 그러면서 세계는 하나로 연결되었지. 그리고 비행기, 무선 통신, 자동차, 철도, 배 같은 교통 통신 수단이 발달하면서, 지구는 더욱 가깝게 좁혀졌어.

제국주의 국가의 기업들은 세계를 무대로 경쟁하기 시작했고, 경쟁에서 이기기 위해 과학 기술을 생산에 이용했어. 그 덕분에 예전에 볼 수 없던 새로운 상품이 쏟아졌고, 대량 생산과 대량 소비 시대가 펼쳐졌지.

사람들은 물질적 풍요를 누렸고, 생각과 생활은 크게 바뀌었어. 또한 교통 통신 수단의 발달 덕분에 더 많은 사람이 생각과 경험을 함께 나눌 수 있게 되었지. 그러면서 많은 사람이 비슷한 생각을 하며 한목소리로 자신들의 목소리를 내기 시작했어.

그러던 1914년, 유럽에서 전쟁이 터졌어. 제국주의 국가 사이의 양보 없는 경쟁이 결국 전쟁으로 터진 거야. 전쟁으로 유럽이 파괴되는 사이, 러시아 혁명을 시작으로 세계 곳곳에서는 대중들이 새로운 세상을 만들기 위해 움직이기 시작했어.

대중 시대의 시작

20세기 초, 아주 빠르게 발달한 과학과 기술 덕분에 새로운 상품이 쏟아졌어. 또한 19세기부터 계속된 투쟁으로 노동자를 비롯해 많은 사람의 생활이 많이 나아졌지. 이들은 새로운 상품의 생산자이자, 중요한 소비자가 되었어. 그러면서 정치와 경제뿐만 아니라 문화 등 여러 분야에서 자신들의 요구를 한목소리로 내기 시작했지. 이렇게 등장한 대중들은 점차 사회와 역사의 변화를 이끌어 가는 주역이 되었어. 그럼 20세기 초, 대중 시대가 어떻게 시작되었는지 좀 더 자세히 알아보자꾸나.

대량 생산과 대중 소비 체제가 펼쳐지다

혹시 「모던 타임스」라는 영화를 본 적이 있니? 제목은 '현대'라는 뜻으로, 찰리 채플린이 만들었어. 찰리 채플린은 영국에서 태어난 미국의 유명한 배우이자 감독이야.

영화의 주인공은 어느 도시의 커다란 전기 철강 공장 노동자야. 주인공은 컨베이어 벨트 앞에서 다른 노동자들과 나란히 서서 나사못 돌리는 일을 해. 하루 종일 그 한 가지 동작만 되풀이하지. 기계 속도가 빨라지면 노동자들의 손 역시 따라서 바빠지고, 공장에서는 제품이 끝도 없이 쏟아져. 하지만 주인공은 기계 부속품 같은 생활에 적응하지 못하고, 공장에서 쫓겨나고 말아.

주인공은 도시 이곳저곳을 떠돌아다니지. 그러다가 다행히 백화점 야간 경비원으로 다시 취직을 하게 돼. 백화점은 층층마다 온갖 상품이 산더미처럼 쌓여 있고, 물건을 사러 온 사람들로 항상 북적대지. 하지만 주인공은 여기서도 다시 쫓겨나고 말아. 백화점의 풍요는 가난한 주인공에게는 그림의 떡일 뿐이었지.

이 영화는 자본주의가 지배하던 20세기 초 현대 사회의 빛과 그늘을 잘 보여 주고 있어. 자본주의는 19세기에 유럽에서 발전하기 시작했는데, 많은 사람에게 물질적 풍요를 가져다주었어. 하지만 그 한편에서는 많은 노동자가 기계 같은 삶을 살거나 실업자로 불안한 생활을 해야 했지. 이런 현대 사회를 실제로 만들어 낸 사람이 있어. 바로 미국의 자동차 왕 헨리 포드야.

20세기가 막 시작된 1903년의 일이었어. 자동차 기술자였던 포드는 주주들을 모아 포드 자동차 회사를 세웠어. 당시만 해도 자동차는 소수의 상류층만 타는 사치품이었지. 그런데 포드는 자동차 사업을 시작하면서 이렇게 결심했어.

"누구나 쉽게 차를 살 수 있게 하겠어."

포드는 경쟁자들보다 값싸고 성능 좋은 자동차를 만들어 경쟁에서 이겨야만 했

찰리 채플린이 출연한 무성 영화 「모던 타임스」의 한 장면이다. 채플린은 이 영화에서 기계가 인간을 지배하는 자본주의 사회를 풍자했다.

지. 몇 년의 노력 끝에 드디어 그런 차를 만들어 냈어. 바로 'T형 포드'였지. T형 포드의 인기는 대단했어. 차를 사려는 사람이 줄을 이었지만, 공장에서 생산하는 차는 늘 부족했지.

"차가 없어서 못 팔다니. 어떻게 하면 자동차를 한꺼번에 많이 생산할 수 있을까?"

1913년, 포드는 몇 년의 고민과 연구 끝에 컨베이어 벨트가 설치된 공장을 세웠어. 컨베이어 벨트가 끊임없이 돌아가며 표준화된 부품을 실어 오면, 노동자들은 한자리에 서서 한 가지 일만 하루 종일 되풀이했지. 그러자 자동차는 3분에 1대꼴로 쏟아져 나왔고, 900달러에 이르던 자동차 값도 290달러까지 떨어졌어. 포드의 자동차 공장에서 대량 생산 시대가 열린 거야.

그런데 포드에게 새로운 고민이 생겼어. 노동자들이 하나둘 공장을 그만두기 시작하는 거야. 일이 너무 단조롭고 지겨웠기 때문이지. 또 자동차 값이 많이 내리기는 했지만, 생각만큼 많이 팔리지도 않았어.

"노동자들의 임금을 두 배로 올리자. 임금을 올리

포드 자동차 회사에서 생산한 T형 포드이다. T형 포드는 헨리 포드가 설계해 1908년에 처음 판매되었고, 1,500만 대 이상 생산되었다. 1927년에 제작이 중단되었다.

헨리 포드가 연 대량 생산과 대중 소비 시대

1. 1892년 디트로이트에 문을 연 헨리 포드의 작업실 내부이다. 포드 자동차의 발상지라 할 수 있다.
2. T형 포드 자동차들이 조립을 위해 컨베이어 벨트로 이동하고 있다.
3. 1917년 수많은 자동차가 뉴욕의 도로를 가득 메우고 있다.
4. 1920년 무렵의 포드 자동차 광고이다. '당신의 아내에게 포드 자동차를'이라는 글귀가 적혀 있다.

면 노동자들이 공장에서 계속 일하려고 할 거야. 그럼 또 그 돈으로 차를 살 수 있으니까 차도 훨씬 많이 팔리겠지."

얼마 후, 포드의 생각이 맞아떨어졌어. 이제 자동차는 몇몇 부자만 몰고 다니는 사치품이 아니라, 노동자를 비롯해 누구나 쉽게 몰고 다닐 수 있는 대중적인 물건이 되었지.

이런 변화는 다른 산업에도 빠르게 퍼져 나갔고, 이와 함께 사회 전체도 크게 변화하기 시작했어. 포드의 자동차 산업을 시작으로 모든 제품이 대량으로 생산되고, 이 제품을 대중들이 소비하는 대량 생산과 대중 소비의 현대 사회가 탄생한 거야.

물론 이런 변화는 자본주의가 일찍부터 발달한 유럽과 미국 같은 나라의 이야기였어. 18세기 말 영국에서 산업 혁명이 시작되었다는 것을 알고 있을 거야. 자본가들은 증기 기관을 이용해 기계를 돌리고 노동자들을 부리면서, 면직물 같은 소비재 상품을 대량으로 만들어 냈어. 그러고는 기차와 기선으로 실어 날라 세계 각지에 팔았지. 19세기를 거치며 산업화는 유럽 여러 나라로 퍼져 나갔어.

그러다가 19세기 말부터 20세기로 넘어오면서, 독일과 미국에서는 제2차 산업 혁명이 일어났어. 이번에는 과학 원리를 이용한 최신의 기술과 기계로 전기, 철강, 기계, 석유, 화학 같은 생산재 공업이 발달했지. 이와 함께 소비재 공업에서도 눈부신 기계화가 일어났어. 20세기 초 포드의 자동차 공장에서 제2차 산업 혁명은 최고 수준에 이르렀어.

그럼, 이 무렵 제2차 산업 혁명이 일어난 이유는 무엇일까? 물론 제1차 산업 혁명부터 시작된 기술 발달이 쌓여, 이 무렵 꽃을 피웠기 때문이야. 또 하나는 자본주의가 발전해 제국주의 시대로 접어들면서 나라 간, 기업 간 경쟁이 점점 더 심해졌기 때문이지. 기업이 경쟁에서 살아남으려면, 남보다 더 좋은 제품과 기계가 필요했어. 포드가 'T형 포드'를 대량으로 만들기 위해, 엔진 기술과 컨베이어 벨트 시스템이 필요했던 것처럼 말이야.

그래서 각 기업은 끊임없이 새로운 기술을 개발해야 했어. 국가 역시 과학 기술 발전을 위해, 공과 대학과 연구소 등을 세웠지. 과학 연구에 아낌없이 지원을 쏟아 부어 기업의 기술 개발을 도왔어. 결국 치열한 자본주의 경쟁은 과학 기술을 끊임없이 발전시켰고, 과학 기술의 발전은 다시 자본주의의 눈부신 발전으로 이어졌지.

어찌 보면 대량 생산과 대중 소비 체제는 자본주의와 과학 기술의 합작품이었어. 그 덕에 많은 사람이 엄청난 물질적 풍요를 누리게 되었지. 그런 점에서 자본주의와 과학 기술은 20세기 현대 문명을 이끈 쌍두마차였어.

과학 기술이 사람들의 생각과 생활을 바꾸다

자본주의의 치열한 경쟁은 과학과 기술 거의 모든 분야에서 놀라운 발전으로 이어졌어. 20세기 과학과 기술의 발전을 주도한 것은 물리학이야. 특히 양자 역학과 상대성 이론은 20세기 과학의 최대 발견이었어. 양자역학과 상대성 이론은 원자보다도 작은 세계는 눈에 보이는 세계와 다른 원리로 움직인다든지, 시간과 공간이 상대적이라는 사실을 밝혀냈지.

이런 물리학의 발전은 화학, 생물학, 의학의 발전으로 이어졌어. 또 의학에서 정신 분석학이 갈라져 나오면서, 인간이 이성뿐 아니라 무의식의 지배를 받는다는 사실도 밝혀졌지.

새로운 과학 이론은 사람들이 세계를 바라보는 눈과 생각을 바꿔 놓았어. 이전

20세기에 접어들면서 과학 원리를 기술 개발에 응용하면서 새로운 기술 개발이 빨라지고, 새로운 발명품이 쏟아졌다. 그러면서 세계는 대량 생산과 대중 소비의 시대로 접어들었다.

에 사람들은 세계를 유일하고 절대적인 기준으로 바라보았어. 하지만 상대성 이론의 등장으로 이런 생각이 흔들렸고, 사람들은 세계를 상대적으로 이해하게 되었지. 그러면서 사람들은 더욱 다양한 생각을 펼치기 시작했어.

한편 절대적인 기준이 흔들리면서, 사람들은 알 수 없는 불안감에 빠져들게 되었어. 게다가 정신 분석학을 통해 인간이 생각만큼 이성에 따라 행동하는 존재가 아니라는 사실을 알게 되었지. 그러자 사람들의 불안감은 더욱 강해졌어.

과학의 놀라운 발전은 사람들의 생각만 바꾸어 놓은 게 아니야. 기술자들이 과학 원리를 기술 개발에 도입하면서, 새로운 기술 개발 속도가 매우 빨라졌어. 그리고 이전에는 상상도 할 수 없던 새로운 발명품이 쏟아졌지. 좀 더 나중의 일이기는 하지만 양자 역학의 원리를 이용해 수많은 가전제품이 쏟아졌고, 상대성 이론을 이용해 원자 폭탄과 원자력 에너지가 등장했어. 화학의 원리를 이용해 플라스틱도 만들어졌지. 그 덕분에 사람들의 생활도 크게 바뀌었어.

20세기 초에는 19세기의 과학을 이용한 기술의 발전도 활발하게 펼쳐졌어. 특히 교통과 통신 수단의 발달은 놀라웠지. 19세기가 철도와 기선의 시대였다면, 20세기는 자동차와 비행기의 시대였어. 19세기 말에 발명된 자동차가 20세기에 가장 중요한 교통수단으로 널리 사용되기 시작했고, 1903년에는 비행기가 등장했지.

통신 수단도 크게 발전했어. 19세기의 전신과 전화에 이어, 1901년에 전파를 이용하여 처음으로 대서양 너머로 무선 통신을 보내는 데 성공했지. 그리고 이 기술은 라디오와 좀 더 나중에는 텔레비전과 같은 대중 매체에도 이용되었어.

교통과 통신 수단이 발달하면서 세계는 더욱 가까워졌어. 더 많은 제품과 사람이 더욱 빠르고 손쉽게 도시와 도시, 나라와 나라, 대륙과 대륙을 오갔지. 또 멀리 떨어진 곳에서도 같은 소식을 듣고, 서로 의견을 나눌 수 있게 되었어. 사람들은 다른 도시, 나라, 대륙 사람들의 생각과 경험을 쉽게 접하게 되었어. 그리고 다른 곳의 발달된 생각과 경험을 받아들여, 자신의 생각과 삶을 변화시켜 나갔지. 마치

대중 매체와 대중문화의 등장
1. 1925년 무렵, 아이들이 집에서 어린이 라디오 방송을 듣고 있다.
2. 1926년에 제작된 라디오이다. 오늘날의 라디오와 달리 나팔 모양의 커다란 스피커를 달고 있다.
3. 1920년대 사람들이 극장에서 영화를 관람하고 있다.
4. 미국의 대표적인 신문 『뉴욕 타임스』가 대량으로 인쇄되어 나오고 있다.

지구 전체가 한 덩어리라도 된 듯, 지구 곳곳에서 변화가 동시다발적으로 일어났어. 그리고 모든 변화가 톱니바퀴처럼 맞물려 일어났지.

과학 기술과 교통 통신이 발달하면서, 사람들의 생활과 생각도 바뀌었어. 그러자 예술에서도 큰 변화가 일어났지. 20세기 예술의 변화를 이끈 것은 미술 분야였어. 사진 기술 등의 발달로, 사물을 있는 그대로 그리는 것은 별 의미가 없게 되었지. 미술가들은 새로운 예술을 찾아 나서야 했어.

이들은 아프리카 부족의 상징, 아메리카 원주민의 조각, 아시아의 서예 등을 색채나 공간에 대한 새로운 과학적 원리와 결합해서 새로운 예술을 만들어 냈어. 세계의 다양한 문명과 문명이 만나고 전통과 현대가 어우러지면서, 20세기 예술이 탄생한 거야.

이렇게 해서 탄생한 현대 예술은 어떤 모습이었을까? 가장 두드러진 변화는 예술가들이 사물 자체보다 사물을 바라보는 자신의 개성과 주관을 더욱 중요하게 따지기 시작했다는 점이야. 그러니

까 무엇을 표현하느냐보다 어떻게 표현하느냐를 더 중요하게 생각한 것이지.

혹시 입체파 화가인 피카소의 그림을 본 적 있니? 얼굴은 정면을 보고 있는데, 눈과 코는 옆모습으로, 입은 정면으로 그려져 있어. 왜 이렇게 그렸을까? 이전의 그림은 얼굴의 한쪽만 보여 줬어. 그런데 피카소는 그건 얼굴의 일부분일 뿐 본래 모습이 아니라고 생각했지. 사물을 제대로 이해하려면, 사물의 여러 측면과 보이지 않는 부분까지도 들여다볼 줄 알아야 한다고 생각했어. 평면의 화폭에 사물을 입체로 그린 것도 이런 이유 때문이었지. 입체파라는 이름도 여기에서 나온 거야.

그리고 20세기 예술에서 나타나는 또 다른 변화는 대중 예술의 등장이야. 대중의 생활 수준이 높아지고 영화와 라디오 같은 대중 매체가 발달하자, 대중이 예술의 가장 중요한 소비층으로 떠올랐어. 그전까지 예술 작품은 주로 상류층만 즐길 수 있었지. 예술가가 오랜 기간 전문적으로 훈련받은 후 작품을 만들면, 권력자나 부자가 소유하거나 감상하는 식이었어.

그런데 20세기에 새로운 기술이 등장하고 여기에 자본주의 산업이 결합하면서, 예술 작품을 만들고 소비하는 방식도 크게 바뀌었어. 사람들은 날마다 라디오

3 4

에서 흘러나오는 대중음악을 듣고, 주말이면 가족과 함께 극장에서 영화를 봤지. 예술이 일반 대중의 삶 속으로 들어오면서, 대중의 삶은 더욱 풍요로워졌어.

세상을 바꾸려고 대중들이 일어서다

20세기 초 물질적 풍요는 아직 전 세계로 뻗어 나가지는 못했어. 당시 자본주의가 발달한 미국과 유럽 나라들에게만 해당되는 이야기였지. 그런데 이들 나라는 풍요를 더욱 늘리려고 더 많은 식민지를 차지하기 위해 제국주의 경쟁에 더욱 열을 올렸지. 그리고 발달된 교통 통신을 이용해 식민지 지배를 강화했어.

제국주의 경쟁이 점점 치열해지던 1904년, 러·일 전쟁이 일어났어. 러시아와 일본이 조선과 만주를 차지하려고 싸운 거야. 그런데 전쟁이 진행 중이던 1905년 1월, 차르*가 다스리는 러시아에서 혁명이 일어났어. 전쟁으로 물가가 치솟고 생활이 더욱 어려워지자, 오랫동안 차르의 지배 아래 지주와 자본가의 착취에 시달리던 러시아 민중이 혁명을 일으킨 거야.

노동자를 시작으로 농민과 병사들까지 들고일어나서 "차르를 타도하자"며 목소리를 높였어. 이들은 크게 세 가지 요구를 내걸었어. 민주 공화정을 세우고, 8시간 노동제를 도입하고, 지주의 토지를 농민에게 나눠 주라는 거였지. 혁명의 함성은 전 러시아를 뒤흔들었어.

차르 정부는 러시아 민중의 힘에 놀라, 마지못해 헌법에 해

차르*
슬라브 민족이 세운 나라에서 군주를 일컬어 부르는 말이다. 보통 차르라고 하면, 러시아 혁명이 일어나기 전까지 러시아 국왕을 말한다. 러시아의 이반 3세가 로마 제국의 계승자라고 주장하면서, 처음 사용했다.

입헌 군주제*
군주가 헌법에서 정한 제한된 권력을 가지고 다스리는 정치 체제이다. 입헌 군주제에서 왕 또는 여왕은 나라의 우두머리로 존경을 받을 수는 있으나, 선거를 통해 권력을 얻고 실질적으로 나라를 통치하는 역할은 총리에게 있다.

당하는 기본법을 만들고 의회를 소집했어. 겉으로는 입헌 군주제*처럼 보였지만, 사실 그와는 거리가 멀었지. 차르가 여전히 모든 권력을 쥐고 있었어. 의회 역시 몇 차례의 해산 끝에, 차르에게 고분고분한 대지주와 대자본가가 차지했지. 결국, 1905년의 러시아 혁명은 실패로 끝이 났어. 러시아 민중은 또 다른 싸움을 준비해야 했지.

하지만 러시아 민중의 투쟁 소식은 곧바로 유럽 노동자에게 전해졌고, 그들에게 큰 용기를 주었어. 그 후 3년 동안 대규모 파업과 시위의 물결이 유럽의 거의 모든 나라를 휩쓸었지. 노동자들은 노동조합을 중심으로 8시간 노동, 임금 인상, 노동 조건 개선 등을 요구했어. 또한 이런 경제적 요구 외에도 언론과 집회의 자유, 보통 선거권 같은 정치적 요구도 함께 내걸었지. 나아가 각국의 노동조합과 사회주의 정당은 제2인터내셔널로 뭉쳐, 제국주의 반대와 사회주의 혁명을 부르짖었어.

"이러다가는 정말 혁명이 일어나겠는걸."

당황한 자본가와 각국 정부는 점차 노동 시간을 줄이고, 노동자의 임금도 올리기 시작했어. 이와 함께 노동자를 비롯해 더 많은 남성에게 선거권을 주었지. 또 가난한 어린아이에게 음식을 주고 노인에게는 퇴직 연금을 주었으며, 질병과 실업에 대비한 보험 제도도 만들었어. 노동자들은 함께 힘을 합쳐 싸운 덕분에, 자본가와 정부로부터 양보를 끌어내기 시작했지.

그런데 말이야, 이런 양보들이 단순히 유럽 노동자들이 열심히 싸운 덕분일까? 사실 이 무렵 유럽 국가들이 넓은 식민지를 거느리고 있지 않았다면, 자본가와 정부가 선뜻 양보하지 않았을 거야.

유럽의 자본가와 정부가 노동자에게 양보한 만큼 식민지 민중은 더욱 어려워졌어. 식민지의 농민과 노동자들은 제국주의 세력과 그에 빌붙은 관리, 지주, 자본가들에게 식량과 자원을 빼앗기다시피 넘겨야 했어. 대신 유럽의 공산품을 비싼 값에 사서 써야 했지. 무엇보다도 이들은 스스로 자신의 사회를 꾸리고 발전시켜 나

20세기 초, 영국 총파업 당시 런던 부두 노동자들의 모습이다. 파업에 참여한 노동자들이 자신의 조합원증을 치켜들고 있다.

공화주의*
공화 제도를 주장하거나 실현하려는 정치적인 태도이다. 공화 제도란 국민이 선출한 대표자 또는 대표 기관의 의사에 따라 주권이 행사되는 정치 제도를 말한다.

쑨원*
중국의 정치가이자 혁명가이다. 민족주의, 민권주의, 민생주의라는 삼민주의를 바탕으로 보다 나은 중국을 건설하고자 노력했다. 신해혁명이 일어난 뒤 임시 대총통에 추대되었으나, 위안스카이에게 정권을 넘겨주었다. 그 뒤 국민당을 조직해 혁명을 추진했다.

갈 자유를 빼앗긴 채 살아야 했어.

더 나은 세상에서 인간답게 살고 싶은 꿈은 유럽 노동자보다 식민지 민중이 훨씬 간절했을 거야. 하지만 그 꿈을 이루려면 제국주의 세력과 거기에 빌붙은 세력을 몰아내야 했는데, 그들의 힘은 너무 강했어. 반대로 식민지 민중의 힘은 안타깝게도 제국주의 지배에서 벗어나기에는 아직 약했지. 그렇다고 그 꿈을 포기하지는 않았어. 이들은 자신의 꿈을 실현하기 위해 차근차근 힘을 길러 나갔지.

자, 다시 러·일 전쟁으로 돌아가 볼까? 1905년, 전쟁은 일본의 승리로 끝났어. 일본은 이미 타이완을 차지한 상태였는데, 러·일 전쟁에서 이기자 조선의 외교권을 빼앗아 버렸지. 5년 뒤에는 조선의 주권을 통째로 빼앗아 식민지로 삼고 말아. 조선 사람들은 그동안 안으로는 새로운 나라를 만들랴, 밖으로는 제국주의 국가들의 침략에 맞서랴 무던히 애를 썼어. 그런데 이제 일본의 지배에서 벗어나기 위해 온 힘을 쏟아 부어야 했어. 분

한 노릇이었지.

러·일 전쟁의 소식은 신문과 무선 통신을 통해 아시아에도 널리 퍼져 나갔어. 청, 페르시아, 오스만튀르크 제국 등 아시아의 오랜 제국에서는 사람들의 발길이 더욱 바빠졌지. 그중에서도 바깥소식에 밝은 젊은 지식인들이 먼저 움직였어.

"제국주의 국가들이 판치는 세계에서 살아남고 새로운 발전의 기틀을 마련하려면, 먼저 무능하고 부패한 전제 군주제부터 무너뜨려야 해."

그 결과 페르시아와 오스만튀르크 제국에서 차례로 입헌주의 혁명이 일어났어. 그리고 두 나라와 달리 청에서는 공화주의* 혁명이 일어났지. 1911년 쑨원*과 청년들이 신해혁명을 일으켜, 청을 무너뜨리고 중화민국을 세웠어.

한편 새로운 나라를 만들려는 움직임은 남아메리카에서도 일어났지. 이곳은 이미 19세기 초에 에스파냐와 포르투갈의 지배에서 벗어났어. 하지만 부유한 지주와 미국을 비롯한 외국 자본가가 독재 정부를 앞세워, 나라의 부와 권력을 쥐고 흔들었지. 국민의 대부분을 차지하는 농민과 노동자들은 가난과 독재에 시달려야 했어.

결국 1910년, 멕시코의 모든 계층이 들고일어나 독재 정부를 무너뜨렸어. 그렇지만 새로 들어선 혁명 정부도 농민들의 토지 분배 요구를 외면했지. 분노한 농민

판초 비야[*]

멕시코의 혁명가이다. 1910년의 멕시코 혁명에서 마데로를 도와 멕시코 북부 지역을 평정하고 영웅으로 떠올랐다. 혁명이 성공한 뒤 1920년에 은퇴하나 1923년 암살되었다.

에밀리아노 사파타[*]

농민 출신의 멕시코 혁명가이다. 멕시코 남부 지역에서 혁명을 성공시키고, 토지를 농민들에게 재분배해 줄 것을 요구했다. 실제로 모렐로스 지역에서 농민들과 토지 개혁에 성공했지만 결국 암살당했다.

1910년 멕시코 혁명에 참여한 농민군의 모습을 그린 기록화이다. 멕시코 혁명 당시 농민을 비롯해 많은 사람이 자신의 처지를 바꾸기 위해 직접 혁명에 뛰어들었다.

들은 판초 비야[*]와 에밀리아노 사파타[*]를 중심으로 지주와 자본가에 맞서 혁명을 계속했지. 두 사람은 도중에 죽음을 맞지만, 농민들은 끝내 토지 개혁과 토지 분배의 꿈을 이루었지.

멕시코 혁명은 페르시아, 오스만튀르크, 청의 입헌주의 혁명이나 공화주의 혁명보다도 더 큰 변화를 몰고 왔지. 토지 분배, 노동 개혁, 산업의 국유화 등을 이루고, 사회 체제까지 급격하게 바꾸었지. 이런 것을 사회 혁명이라고 해.

이런 커다란 변화는 농민을 비롯한 대중이 자신들의 처지를 바꾸기 위해 직접 혁명에 뛰어들었기 때문에 가능했어. 이처럼 대중이 중심이 된 혁명을 대중 혁명이라고 해. 앞으로 알게 되겠지만, 20세기 내내 많은 혁명이 일어나게 돼. 그리고 20세기 혁명은 대부분 멕시코 혁명처럼 사회 혁명이자 대중 혁명의 모습을 띠고 있어. 어느 면에서 멕시코 혁명은 20세기 현대사의 진정한 시작을 알리는 신호탄이었지.

클릭! 역사 속으로
멕시코 혁명 정신을 벽에 새긴 디에고 리베라

　1920년, 10년에 걸친 멕시코 혁명이 끝이 나고 선거로 새 정부가 들어섰어. 이듬해, 그동안 유럽에서 그림 공부를 하던 디에고 리베라가 자신의 조국 멕시코로 돌아왔지. 디에고 리베라가 멕시코에 돌아왔을 때, 민중은 이전의 민중이 아니었지. 멕시코 혁명을 통해 민중은 의식이 변했고, 자기들의 눈으로 세상을 보고 싶어 했어.

　리베라는 민중의 그런 열망을 자신의 작품에 담겠다고 결심했지.

　"민중의 열망을 담아내려면 새로운 예술이 필요해. 예술은 부자만이 아니라 가난한 민중도 보고 즐길 수 있어야 해. 또 민중의 생활을 담고 있어야 해."

　새 정부도 건물의 벽을 "캔버스 대신으로 쓰라"며 기꺼이 화가들에게 내주었지. 디에고 리베라가 처음 맡은 일은 국립 예비 학교의 원형 극장에 벽화를 그리는 일이었어. 그는 누구나 쉽게 볼 수 있는 곳, 학교나 공공건물의 벽에 그림을 그린 거야. 유럽식으로 지어진 건물의 벽이 멕시코 원주민의 문화로 채워지기 시작했지. 멕시코 벽화 운동이 탄생하는 순간이었어.

　그는 1929년부터 5년 동안 대통령 궁에 멕시코의 역사에 대한 벽화를 그렸어. 큰 키에 몸집이 좋은 화가가 붓을 놀릴 때마다, 덧칠한 하얀 회벽 위에는 가무잡잡한 멕시코 사람들의 모습이 그려졌지.

　고대 멕시코 원주민이 신에게 제사 드리는 모습, 유럽 사람들이 대포를 쏘고 원주민을 노예로 부리는 모습, 유럽에 맞서 독립 투쟁을 하는 장면, 노동자와 농민들이 혁명을 일으키는 모습 등이 묘사되어 있었어. 멕시코의 과거부터 현재까지 일어난 역사, 그 가운데서도 민중의 역사를 큰 벽에 그려 넣은 거야.

　"정말 엄청난 작품이야."

　벽화를 보며 멕시코 민중들은 원주민 문화와 멕시코 역사에 자부심을 느꼈어. 지금도 멕시코 학생들은 디에고 리베라의 벽화를 통해 멕시코의 역사에 대해 많은 것을 배우며 느끼고 있어.

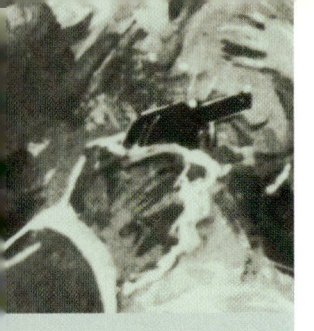

제국주의 전쟁에 휩싸인 유럽

유럽 사람들은 20세기 초를 '좋은 시절'이라고 불러. 그럴 만도 했어. 물질적으로 풍요로웠고, 개인의 자유도 더 많아졌으니까. 또 오랫동안 평화가 이어졌거든. 유럽 사람들은 세상이 점점 나아지고 있다고 생각했어. 특히 과학 기술의 발달은 이런 생각을 더욱 부추겼지.

그러던 1914년, 유럽에서 제1차 세계 대전이 터졌어. 수많은 사람이 죽거나 다치고, 유럽은 폐허로 변했지. 대체 이 전쟁은 왜 일어난 걸까? 전쟁을 거치며 사람들의 삶은 어떻게 변했을까?

| 제국주의 경쟁이 전쟁으로 치닫다 |

20세기 초, 유럽의 제국주의 각국은 식민지를 둘러싸고, 세계 곳곳에서 다툼을 벌였어. 처음에는 모든 나라가 서로서로 부딪쳤어. 그러다가 시간이 흐르면서 점차 두 패로 갈라졌지.

한쪽의 중심은 독일 제국이었어. 독일은 19세기 말 통일을 이룩한 뒤, 제2차 산업 혁명을 주도하며 순식간에 강국으로 떠올랐지. 그런 탓에 식민지가 새로 필요했어.

"남은 곳이 별로 없군. 가까이에 있는 발칸 반도와 서아시아 쪽으로 나가자."

그런데 식민지를 차지하려면, 어디로 가든 영국과 맞서야 했어. 당시 영국은 세계 최강의 힘을 자랑했지. 독일 혼자서는 영국에 맞서는 게 쉽지 않았어. 그래서 비슷한 처지의 오스트리아와 이탈리아를 끌어들여, 삼국 동맹을 맺었지. 그리고 영국과 맞설 힘을 키워 나갔어.

또 다른 쪽의 중심은 영국이었어. 그동안 영국은 거리낄 게 없었지. '해가 지지 않는 제국'으로, 세계에서 가장 넓은 식민지를 거느리고 있었고, 이를 지킬 세계 최고의 군대가 있었으니까 말이야. 굳이 유럽 대륙의 나라들과 동맹을 맺어 유럽 대륙의 일에 낄 필요가 없었지.

하지만 독일이 군대를 키우며 영국에 도전장을 내밀자, 더는 보고만 있을 수가 없었어. 영국은 삼국 동맹에 맞서기 위해 프랑스, 러시아와 차례로 삼국 협상을 맺었지.

독일의 삼국 동맹 세력과 영국의 삼국 협상 세력은 곳곳에서 부딪쳤어. 처음에는 북아프리카에서 팽팽하게 맞서더니, 곧이어 발칸 반도로 무대를 옮겼지.

프랑스 일간지에 실린 '삼국 동맹의 코'라는 제목의 풍자화이다. 이 그림은 고대 그리스의 조각상 '라오콘'을 모방했다. 단상 위에 서 있는 코가 긴 사람들은 독일과 오스트리아, 이탈리아 세 나라를 상징한다. 자기 코에 자기가 걸려서 곤란에 빠진 상황을 조롱하고 있다.

발칸 반도는 오랫동안 오스만튀르크 제국이 지배하던 땅이야. 그런데 19세기 말, 오스만튀르크 제국이 크게 약해졌어. 그 틈을 노려 슬라브 민족인 세르비아를 비롯해 여러 민족이 반란을 일으켜 새로 나라를 세웠지. 게다가 영국, 독일, 러시아 같은 유럽의 강대국들이 발칸 반도로 손을 뻗었어. 오스트리아 역시 독일의 지원을 받으며 범게르만주의를 내세워 발칸 반도로 세력을 뻗어 갔지. 이에 맞서 러시아도 범슬라브주의를 앞세우고, 발칸 반도로 밀고 들어갔어. 이렇게 여러 나라가 발칸 반도를 두고 팽팽하게 맞서면서, 발칸 반도는 언제 전쟁이 일어날지 모르는 '유럽의 화약고'가 되었어.

그러던 중 1908년, 오스트리아가 군대를 보내 보스니아를 합병했어. 그러자 세르비아가 크게 분노했지. 보스니아는 슬라브 민족인 세르비아인이 많이 사는 곳이었고, 그동안 세르비아는 보스니아와 합칠 생각이었거든. 보스니아의 세르비아인 역시 세르비아와 통일을 꿈꾸고 있었기 때문에, 오스트리아에 분노하기는 마찬가지였지.

"세르비아 만세! 게르만 민족에게 저주를!"

1914년 6월, 보스니아의 수도 사라예보에서 이런 외침과 함께 두 발의 총성이 울렸어. 보스니아의 세르비아인 청년이 오스트리아 제국의 황태자 부부를 향해 권총의 방아쇠를 당긴 거야. 오스트리아 황태자 부부는 보스니아의 오스트리아 군대를 살피러 왔다가, 사라예보에서 그렇게 피를 흘리며 쓰러졌지. 그로부터 한 달 뒤, 오스트리아가 세르비아에 선전 포고를 하면서 제1차 세계 대전이 터졌어. 사라예보 사건이 유럽의 화약고에 불을 붙인 셈이었지.

오스트리아 황태자 부부의 피격 장면을 그린 기록화이다. 1914년 6월 28일 사라예보에서 울린 두 발의 총성은 전 세계를 전쟁 속으로 밀어 넣었다.

오스트리아가 세르비아에 선전 포고를 하자, 같은 슬라브 민족인 러시아가 세르비아를 지원하고 나섰어. 그러자 동맹 관계에 따라 독일이 오스트리아 편으로, 프랑스와 영국은 러시아 편으로 자동으로 나뉘게 되었지.

뒤이어 유럽의 다른 나라도 이해관계에 따라 하나둘 전쟁에 뛰어들었어. 오스만튀르크 제국과 불가리아가 삼국 동맹 편에 섰고, 이탈리아와 그리스 등이 삼국 협상 편, 다시 말해 연합국 편에 섰지. 이탈리아는 원래 삼국 동맹에 속한 나라였어. 하지만 처음에 중립을 지키다가, 영국과 프랑스가 영토를 떼어 주겠다고 하자 연합국 편으로 돌아섰지.

이렇게 유럽의 거의 모든 나라가 전쟁에 뛰어들면서, 유럽 전체는 순식간에 전쟁터로 변해 버렸어. 영국의 외무 장관은 독일에 선전 포고를 하루 앞두고 이렇게 말했대.

"전 유럽에 등불이 꺼지고 있다. 우리 생애 중에 다시 불이 켜지는 것을 보지 못할 것이다."

| 전쟁으로 전 유럽이 폐허로 변하다 |

전쟁이 시작되고 얼마 동안은 애국심과 민족주의 물결이 전 유럽에 넘실거렸어. 각국 사람 모두 전쟁이 가져다줄 이익만을 생각하며, 잔뜩 기대에 부풀어 있었지. 그래서 나라마다 거의 모든 사람이 조국의 승리를 외치며 환호성을 질렀어.

전쟁은 초기에 동맹국 쪽이 우세했어. 독일을 비롯해 삼국 동맹 세력은 강력한 육군을 앞세워 삼국 협상 세력을 몰아붙였지.

다급해진 영국과 프랑스는 미국과 일본에 전쟁 참가를 요청했어. 당시 일본은 중국으로 진출할 기회만 엿보고 있었는데, 마침 좋은 기회라고 생각했지. 일본은

윌슨*
미국의 정치가이자 제28대 대통령이다. 제1차 세계 대전에 중립을 지키다가 '전쟁을 끝내기 위한 전쟁'이라면서 미국도 전쟁에 참여하기로 결정했다. 비밀 외교 폐지와 민족 자결주의를 제창했다. 평화를 위해 노력한 공으로 훗날 노벨 평화상을 받았다.

영·일 동맹을 핑계로 독일에 선전 포고를 한 뒤, 독일이 차지하고 있던 중국의 칭다오를 점령해 버렸어.

하지만 미국은 중립을 지키겠다며 영국과 프랑스의 요청을 거절했어. 당시 미국은 연합국에 무기와 군수 물자를 수출하고 돈까지 빌려 주면서, 이미 엄청난 이득을 챙기고 있었지. 그래서 굳이 전쟁에 참가할 필요를 느끼지 못했어. 미국은 유럽이 전쟁으로 폐허가 되는 동안 세계 최고의 경제 대국으로 올라설 발판을 마련할 수 있었지.

그뿐만 아니라 영국과 프랑스는 1915년에는 전쟁이 끝나면 자치권을 주겠다며, 인도에서 150만 명, 아프리카에서 100만 명을 전쟁에 동원했어. 이들은 전선에서 총알받이가 되거나 군수 공장의 노동자로 밤낮없이 일해야 했지. 또한 아랍 민족도 전쟁에 끌어들였어. 당시 아랍 민족들은 오스만튀르크 제국의 지배에 맞서 독립 운동을 벌이고 있었는데, 영국과 프랑스가 전쟁에 이기면 독립을 도와주겠다고 약속한 거야. 이렇게 해서 전쟁은 유럽을 넘어 서아시아, 북아프리카로 확대되어 갔지.

한편 전쟁이 시작할 무렵 환호성을 지르던 사람들은 크게 당황하기 시작했어. 전쟁은 지금까지와는 전혀 다른 모습이었고, 사람들은 상상도 할 수 없는 고통을 겪어야 했거든.

우선 과학 기술의 발달 덕분에 기관총, 대포, 전차, 독가스, 비행기, 잠수함 같은 무시무시한 신무기가 전쟁터에 등장했어. 이제 땅과 바다 위는 물론 하늘과 바다 속까지 전쟁터로 변했고, 한꺼번에 수많은 병사가 죽거나 다쳤지.

신무기는 전쟁 방법도 변화시켰어. 이전처럼 너른 벌판에서

마주보고 싸우는 대신, 양쪽 병사들은 땅을 파서 참호를 만들기 시작했어. 그리고 참호 안에 웅크리고 대치하며 기관총, 대포를 서로 쏘아대고, 독가스를 뿌려댔지. 참호전은 전쟁을 끝없이 길어지게 했어.

 전쟁이 길어지면서 더 많은 병사와 무기, 군수품이 필요해졌어. 각 나라의 정부는 싸울 수 있는 남자는 모두 전선으로 보냈지. 그리고 군대에 보낼 물자와 식량을 마련하기 위해, 물자를 통제했어. 결국 여자와 아이들까지 동원되어 무기와 군수품을 생산해야 했지. 그리고 많은 사람이 식량이 부족해 굶주림에 시달려야 했어. 그런데 사람들은 굶주림뿐만 아니라 폭탄을 실은 비행기의 공습 공포에도 떨어야 했지. 비행기가 소나기처럼 폭탄을 쏟아 부었고 집, 공장, 건물이 파괴되었어. 수많은 사람이 죽고 다쳤지. 이처럼 제1차 세계 대전은 전방과 후방, 군인과 민간인이 따로 없는 총력전이었어.

 1917년, 전쟁은 어느덧 4년째로 접어들었어. 전쟁 초기에 우세하던 동맹국 쪽은 점차 밀리고 있었지. 특히 동맹국을 이끌던 독일은 큰 어려움을 겪고 있었어. 영국은 전쟁 초기부터 군함을 동원해, 독일 해안을 봉쇄하는 작전을 펼쳤어. 밖으로 통하는 바닷길이 막히자, 독일은 생활 물자와 군수품 부족으로 엄청난 어려움을 겪어야 했지. 그러자 독일은 잠수함으로 연합국 배를 가리지 않고 공격했고, 1917년 1월부터는 중립국 선박까지 공격했어.

 독일의 무제한 잠수함 공격으로 연합국은 물론 중립을 지키던 미국도 큰 피해를 입었어. 그러자 미국 사람들 사이에 독일에 대한 반감과 함께 독일이 이길지도 모른다는 불안감이 퍼졌지. 특히 자본가, 무역업자, 은행가들이 더 늦기 전에 독일과 싸워야 한다고 목소리를 높였어. 연합국에 무기와 군수 물자를 수출하거나 엄청난 돈을 빌려 줬기 때문이야. 1917년 4월, 마침내 미국의 윌슨* 대통령은 독일에 전쟁을 선포하고 유럽에 군대를 보냈어. 미국의 참전으로 전쟁은 연합국에 유리하게 돌아가기 시작했지.

제1차 세계 대전의 이모저모

1. 제1차 세계 대전 중 군인들이 참호에서 식사를 하고 있다.
2. 영국군의 대포가 불을 뿜는 모습이다.
3. 1918년 독일 잠수함이 독일의 킬 항구에 정박해 있다.
4. 영국군의 전차이다.
5. 제1차 세계 대전 중 미군의 병사 모집 포스터이다.
6. 서부 전선에서 전투기들이 공중전을 펼치고 있다.
7. 제1차 세계 대전 당시 영국군의 비행기이다.
8. 1918년 9월, 미군 탱크가 프랑스의 아르곤 지역으로 진격하고 있다.
9. 프랑스에 주둔한 미군이 독가스전에 대비해 방독면 교육을 받고 있다.

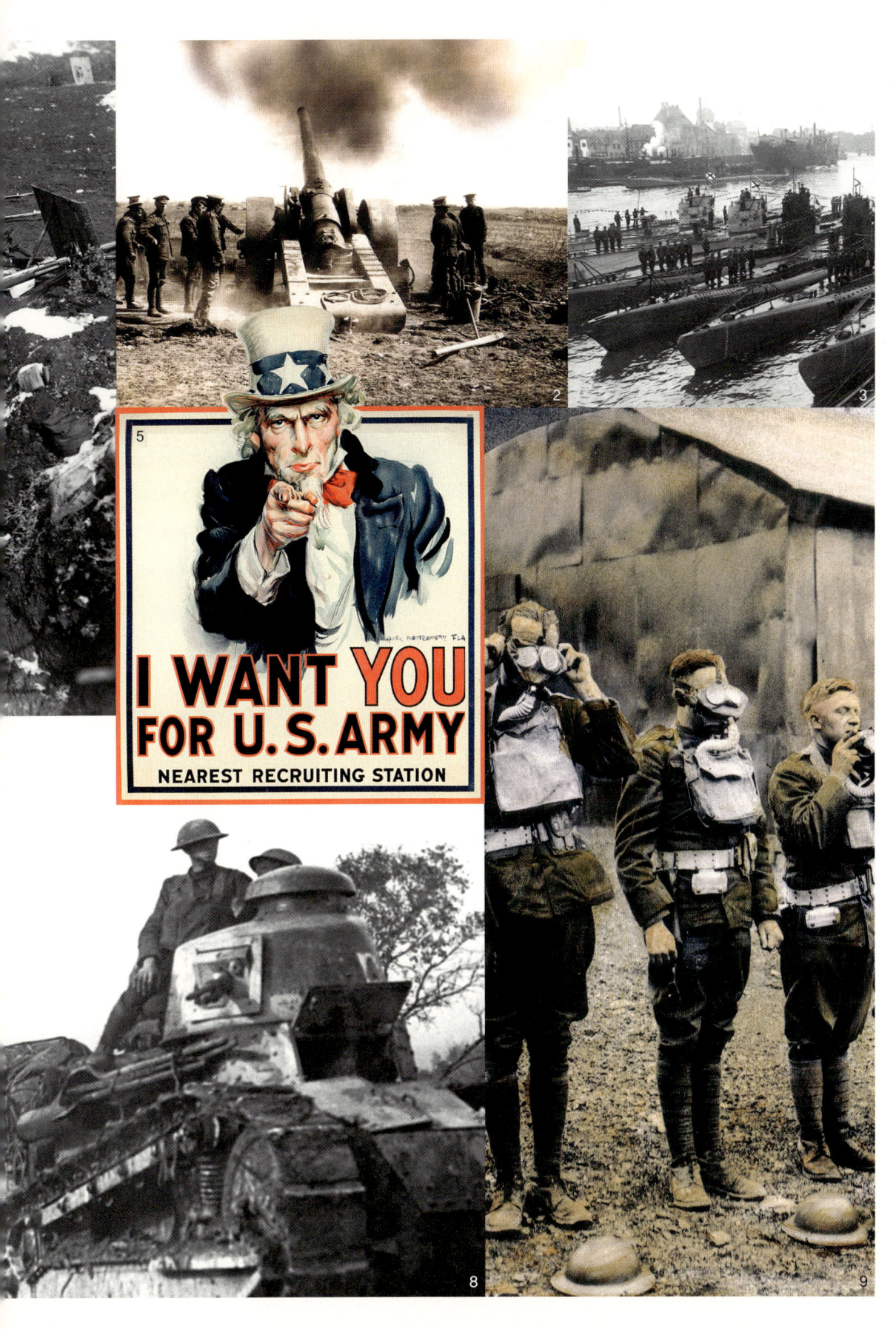

한편 전쟁이 길어지고 고통이 커지자, 병사와 국민들의 불만이 점점 커졌어. 무모한 전쟁을 일으킨 정부에 반대하는 운동이 각국에서 일어났지. 러시아 혁명이 가장 대표적인 예였어. 1917년 2월, 러시아 민중과 병사들은 '평화와 빵'을 요구하며 차르를 몰아냈어. 10월에는 사회주의 혁명이 일어났지. 이 소식이 독일에 전해지면서, 독일 국민 사이에도 전쟁 반대 목소리가 커졌어. 그리고 황제를 몰아내려는 움직임이 활발해졌지.

이처럼 독일에서 전쟁 반대 분위기가 퍼지는 동안, 연합국은 곳곳에서 승리를 거두며 동맹국을 압박해 갔어. 결국 1918년 11월, 동맹국의 오스만튀르크 제국과 오스트리아가 먼저 항복했지. 뒤이어 독일에서는 국민들이 황제를 쫓아내고 공화국을 세웠어. 독일의 공화국 정부는 무조건 항복을 발표했고, 마침내 5년 동안 계속된 전쟁은 끝이 났어.

전쟁이 끝났을 때, 전쟁 피해는 유례가 없을 정도로 어마어마했지. 모두 합해 800만 명 이상의 군인이 죽었고 2,900만 명이 다쳤어. 일반인의 피해는 훨씬 더 컸어. 대략 1,000만 명가량이 죽었는데, 굶어 죽거나 병에 걸려 죽은 사람이 많았지. 또 수많은 집과 공장, 도로, 논밭, 도시가 폐허로 변해 버렸어.

| 평화 회의가 도리어 전쟁의 불씨를 키우다 |

사람들은 전쟁을 겪으면서 전쟁이 얼마나 끔찍한지, 평화가 얼마나 소중한지 깨달았어. 전쟁을 되풀이하지 않고 평화를 유

지하려면, 어떻게 해야 할까? 전쟁의 원인을 없애고, 전쟁의 책임을 묻고, 평화를 유지할 방법을 마련해야겠지.

미국 윌슨 대통령의 생각도 같았어. 전쟁의 끝이 보이던 1918년 1월, 윌슨 대통령은 '평화를 위한 14개 조항'을 발표했어.

"전쟁이 끝나면 '민족 자결주의' 원칙에 따라 평화로운 세계를 만듭시다."

민족 자결주의가 뭐냐고? 민족의 운명은 그 민족 스스로 결정해야 한다는 뜻이야. 한마디로 제국주의 나라들이 식민지 다툼을 벌이다가 전쟁이 일어났으니, 이제 더는 식민지를 둘러싸고 다투지 말자는 거였지. 이와 함께 윌슨 대통령은 국제 연맹을 만들어, 각 나라의 독립을 보장해 주자고 제안했어. 그리고 모든 나라가 군대와 무기를 줄이자고도 했지.

많은 사람이 윌슨의 제안이야말로 전쟁의 원인을 없애고, 평화를 마련할 최선의 방안이라며 크게 환영했어. 특히 식민지 사람들은 제국주의 지배에서 벗어나 독립을 이룰 기회라며, 잔뜩 기대에 부풀었지.

전쟁의 포성이 멈춘 이듬해인 1919년 1월, 전 세계 사람의 눈과 귀가 파리의 베르사유 궁전으로 쏠렸어. 윌슨의 '14개 조항'에 따라 평화 회의가 열렸거든.

그런데 사람들의 기대와 달리 파리 평화 회의는 이미 시작도 하기 전부터 엉뚱한 방향으로 흘러갔어.

"민족 자결주의라고? 우리보고 식민지를 다 내놓으라는 소리잖소."

영국과 프랑스가 민족 자결주의에 강력하게 반대했어. 두 나라는 세계에서 가장 많은 식민지를 거느리고 있었기 때문에, 윌슨의 제안이 반가울 리 없었지. 결국 윌슨도 처음의 원칙을 포기했어.

"민족 자결주의는 전쟁에서 진 나라의 영토와 식민지에만 적용합시다."

"아참, 그리고 아직 완전하지 않은 국가는 평화 회의에 참가하지 않는 게 좋겠군요."

1919년 6월 28일 베르사유 궁전에서 연합국 대표 중에 한 사람인 프랑스의 클레망소 수상이 평화 협정에 서명을 하고 있다.

위임 통치[*]
국제 연맹의 규약에 따른 국가 통치의 한 형식이다. 제1차 세계 대전 이후에 영국, 프랑스 등 국제 연맹의 위임을 받은 나라가 독일의 식민지와 오스만튀르크의 옛 땅을 통치했다.

결국 평화 회의는 전쟁에서 이긴 연합국 중심으로 진행되었어. 모든 결정은 연합국 대표들이 내리고, 식민지와 패전국은 그 결정을 그냥 받아들여야만 했지. 그나마도 회의는 연합국 중에서 미국, 영국, 프랑스 등 세 강대국이 이끌었는데, 회의 결과는 영국과 프랑스의 뜻이 강하게 반영되었어.

영국과 프랑스는 독일이 더는 전쟁을 일으키지 못하게 하려고, 전쟁 책임을 모두 독일에게 떠넘겼어. 사실 전쟁은 제국주의 나라들의 식민지 경쟁 때문에 일어났어. 그러니 영국과 프랑스를 비롯해 전쟁에 참여한 모든 나라가 책임이 있다고 할 수 있지. 하지만 전쟁에서 이겼다는 이유로, 연합국은 전쟁의 책임에서 발을 뺀 거야.

"독일은 전쟁에 대한 모든 책임을 지고, 많은 영토와 모든 해외 식민지를 내놓아야 한다. 그리고 군대와 무기도 크게 줄여야 하며, 연합국이 입은 피해까지 모두 배상해야 한다."

평화 회의가 끝날 무렵, 연합국 대표들은 베르사유 궁전으로 독일 대표단을 불렀어. 그리고 이런 조약안에 도장을 찍게 했지. 오스트리아나 오스만튀르크 제국도 비슷한 내용으로 조약을 맺었어.

그런데 영국과 프랑스는 민족 자결주의를 패전국의 영토와 식민지에만 적용하기로 하자던 약속까지도 저버렸어. 패전국의 영토 중에서도 유럽 안에 있는 영토에만 이 원칙을 적용하기로 한 거야.

아프리카의 독일 식민지는 영국과 프랑스가 나눠 가졌어. 오스만튀르크 제국이 지배하던 서아시아의 아랍 민족도 두 나라가 '위임 통치*'라는 이름으로 지배했지. 그 밖에 파리 평화 회의에서는 평화를 보장할 국제 연맹을 만들고, 회의가 끝난 뒤에는 연합국끼리 군함을 줄이자는 약속도 했어. 이렇게 베르사유 조약에 따라 만들어진 국제 관계를 '베르사유 체제'라고 해.

베르사유 체제에 만족하는 나라나 민족은 없었어. 특히 억울함과 불만으로 치면, 식민지를 따라올 나라는 없을 거야. 그런데 오히려 독일이 식민지보다 더 불만을 터트렸어.

"전쟁에 진 것도 분한데, 모든 전쟁 책임까지 뒤집어쓰다니!"

전쟁터에서 돌아온 군인들은 울분을 참지 못했어. 또한 어마어마한 배상금 때문에 나라 경제가 어려워지자, 독일 국민들도 베르사유 체제에 불만이 많았지. 그러자 베르사유 체제를 무너뜨리고, 독일이 살길을 찾아야 한다는 사람들이 나타났어. 바로 히틀러 같은 사람이었지.

불만은 연합국 안에서도 터져 나왔어. 특히 이탈리아의 불만이 컸어. 영국과 프랑스에게 약속받은 영토를 얻지 못했거든. 게다가 전쟁터에서 돌아온 군인들은 일자리가 없어 실업자가 되었고, 노동자들은 힘든 생활에 지쳐 자주 파업을 일으켰어. 이때 나타난 사람이 무솔리니야.

무솔리니는 이탈리아의 영광을 되찾고, 자본주의와 사회주의의 나쁜 점을 모두 바로잡겠다고 큰소리쳤지. 무솔리니가 이끄는 파시스트 당으로 수많은 사람이 모여들었어. 결국 1922년에 무솔리니를 따르는 사람들이 로마로 행진해 들어갔고, 무솔리니는 총리가 되었지. 이탈리아에서 파시스트 당의 일당 독재가 시작되는 순간이었어.

일본 역시 불만이 많았어. 연합국은 군함 수를 줄이기 위해, 1921년부터 1922년까지 워싱턴에서 회의를 열었어. 그런데 일본에게 미국이나 영국보다 군함을 적게 유지하라는 결정을 내린 거야. 불만이 쌓인 일본 군부는 점점 목소리를 키우기 시작했어.

국제 연맹도 평화를 보장할 아무 힘이 없었어. 우선 국제 연맹을 제안한 미국이 참여하지 않았지. 유럽 문제에 끼어들지 않겠다며, 미국 의회가 베르사유 조약 자체를 반대했거든. 또한 독일은 전쟁을 일으킨 나라이고, 러시아는 사회주의 국가라는 이유로 제외시켰지. 이렇게 미국, 독일, 러시아 같은 중요한 나라가 빠지면서, 국제 연맹은 이빨 빠진 호랑이나 마찬가지였어.

이처럼 전쟁이 끝난 뒤 만들어진 베르사유 체제와 국제 연맹은 전쟁의 원인을 없애고 평화를 지켜 내기에 문제가 너무 많았어. 그 결과 전쟁의 새로운 불씨가 조금씩 커져 갔지.

1928년 2월 1일, 이탈리아의 무솔리니가 로마에서 열린 파시스트 당 행사에서 행진하고 있는 모습이다.

클릭! 역사 속으로
장애를 딛고 사회 개혁에 앞장선 헬렌 켈러

헬렌 켈러는 태어난 지 19개월 만에 심한 열병을 앓고 장님, 귀머거리, 벙어리가 되었어. 그러다가 일곱 살에 설리번 선생님을 만났지. 헬렌 켈러는 설리번 선생님의 헌신과 자신의 강한 의지로 장애를 극복했어.

그리고 헬렌 켈러는 대학 시절에 여성 문제에 관심을 갖기 시작했어. 다른 여성들과 함께 여성의 권리를 부르짖고, 특히 여성 참정권 운동을 펼쳤지. 당시에는 미국 같은 나라에서도 여성에게 참정권이 없었어.

대학을 졸업한 뒤 헬렌 켈러는 자기와 같은 처지에 있는 시각 장애인을 돕는 일에 뛰어들었어. 그런데 시각 장애인을 돕는 활동을 하던 중 이상한 점을 발견했어.

"시각 장애인은 왜 대부분 가난한 걸까?"

헬렌 켈러는 이유를 알아보았어. 그리고 가난한 사람들은 산업 재해를 당하거나 치료를 제대로 받지 못해 시력을 잃는 일이 많다는 사실을 알게 되었지.

"시각 장애인이 되느냐 마느냐까지도 빈부에 따라 결정되다니……."

헬렌 켈러는 사회를 개혁하지 않고는 장애인들의 문제를 제대로 해결할 수 없다는 사실을 깨달았지.

헬렌 켈러는 스물아홉 살 때인 1909년에 미국 사회당에 들어가 활동을 시작했어. 그리고 죽을 때까지 앞장서서 사회 개혁을 부르짖었지. 제1차 세계 대전 때 윌슨 대통령이 전쟁에 참가하려고 하자, 미국의 전쟁 참여에도 반대했어. 이 밖에도 사형 제도 폐지, 아동 노동 금지, 인종 차별 반대 활동도 열심히 펼쳤지.

헬렌 켈러는 장애를 극복하고, 장애인 복지 사업을 펼친 사람으로만 알려져 있어. 하지만 자신의 장애를 딛고 여성 운동가로, 사회주의자로, 평화주의자로 살면서 죽는 순간까지 사회 개혁을 위해 노력한 사람이기도 하단다.

세계 최초의 사회주의 국가 등장

1917년 2월, 유럽은 전쟁이 한창이었어. 그때 러시아에서는 혁명이 일어나 전제 군주제가 무너졌지. 곧이어 10월에는 사회주의 혁명이 일어났고, 세계 최초로 사회주의 공화국이 들어섰어. 러시아는 유럽에서 자본주의 발달이 가장 뒤진 나라였어. 그런데 어떻게 러시아에서 사회주의 혁명이 성공했을까?

| 러시아 민중들이 차르 체제를 무너뜨리다 |

1914년 제1차 세계 대전이 터지자, 차르인 니콜라이 2세는 곧바로 전쟁에 뛰어들었어. 발칸 반도에서 영토를 새로 얻고, 이를 통해 민중의 불만을 잠재우기 위해서였지. 이 무렵 러시아에서는 혁명의 기운이 한껏 무르익고 있었거든.

20세기 초반 러시아 농민들의 모습을 찍은 사진이다. 맨발로 밭에서 감자를 캐고 있다.

러시아 차르 니콜라이 2세의 초상화이다. 니콜라이 2세는 1905년 '두마'라는 국회의 창설과 민주적 자유의 보장을 약속했지만, 약속을 지키기보다는 자신의 옛 권력을 되찾으려 애썼다.

당시 러시아는 농민이 인구의 대부분을 차지했고, 대도시에는 가난한 노동자가 넘쳐 났어. 대부분의 농민이 농민 공동체에서 코딱지만 한 땅뙈기를 받아 일구거나, 지주와 차르의 땅에서 소작을 부치며 살았어. 입에 겨우 풀칠 할 정도였지. 대도시 노동자 역시 쥐꼬리만 한 임금을 받으며, 하루에 15~16시간 일해야 했어.

이렇게 농민과 노동자의 생활이 비참하다 보니, 러시아에서는 사회주의 혁명가가 많이 활동하고 있었어. 혁명가들은 어떻게 사회주의 혁명을 이룰지를 두고, 여러 정당으로 갈라졌어.

사회 혁명당은 농민을 중심으로 사회주의 혁명을 이루자고 주장했어. 사회 민주 노동당은 노동자 중심의 사회주의 혁명을 이뤄야 한다고 주장했지. 그런데 사회 민주 노동당은 멘셰비키와 볼셰비키로 나뉘어 있었고, 서로 생각이 달랐어. 멘셰비키는 이렇게 주장했지.

"우리나라는 아직 자본주의가 발달하지 않아 공장 노동자가 많지 않습니다. 그러니 부르주아가 앞장서고 노동자가 도와서, 먼저 민주주의 혁명을 이룩해야 합니다. 그런 다음 자본주의가 충분히 발달하고 노동자가 늘어나면, 그때 사회주의 혁명을 합시다."

볼셰비키는 이와 달랐어.

"무슨 말이오. 노동자가 부족하면 빈농과 손을 잡으면 됩니다. 노동자와 빈농이 손을 잡고, 민주주의 혁명도 이루고 사회주의 혁명도 이룹시다."

한편 부르주아와 일부 지주는 입헌 군주제를 주장했어. 개혁을 통해 혁명을 막자는 생각이었지. 이들은 입헌 민주당으로 뭉치게 되었어.

이렇게 어떤 세상을 만들지를 두고 혁명가들은 서로 생각이 많이 달랐어. 하지만 한 가지만은 같은 생각이었지. 바로 차르를 몰아내는 거였어. 차르가 사회 변화를 가로막고 있으니, 차르의 전제 군주제를 무너뜨려야 한다고 한목소리를 냈지.

그러던 중 1914년, 차르가 전쟁에 뛰어든 거야. 차르는 전쟁이 민중의 불만을

소비에트*
원래 러시아 어로 평의회를 뜻하는 말이었다. 그러나 러시아 혁명 때 노동자, 농민, 병사 대표가 모인 소비에트가 만들어지면서, 부르주아 민주주의 의회에 반대되는 민중들의 권력 기관을 뜻하게 되었다. 소련의 정치적 기반이 된 권력 기관이었다.

잠재울 거라 생각했지. 아닌 게 아니라 전쟁이 나자 온 국민이 환호했어. 심지어 차르 정부를 무너뜨리자던 사회주의자들마저 조국을 지켜야 한다며 차르의 전쟁을 도왔어.

하지만 그것은 잠시뿐이었어. 전쟁은 길어졌고, 러시아 군대는 거듭 패했지. 전쟁으로 유럽의 모든 나라가 어려웠지만, 러시아는 특히 심했어. 다른 나라보다 산업이 뒤처져서, 무기와 전쟁 물자를 대기가 더욱 힘들었지. 식량과 물자는 턱없이 부족했고, 물가는 하늘 높은 줄 모르고 치솟았어. 그런데도 차르 전제 정부는 국민을 억누르며, 전쟁으로 몰아댔어. 그럴수록 국민들의 불만은 커져 갔지.

1917년 2월, 마침내 러시아 제국의 수도인 페트로그라드에서 시민들의 분노가 폭발했어. 수많은 시민들이 참가한 시위 물결이 시내를 뒤덮었지. 시위대는 대부분 굶주림과 추위에 시달리던 가난한 여성 노동자이거나 병사의 아내였어. 시위대에서는 자연스럽게 '차르 전제정을 타도하자!', '전쟁을 중지하라!', '평화와 자유를!'이라는 구호가 터져 나왔어.

차르 정부는 페트로그라드 수비대를 보냈지만, 병사들은 오히려 총부리를 돌려 장교들을 겨누었어. 사실 병사들도 그동안 굶주림에 시달려, 대부분 차르 정부에 불만이 쌓여 있었거든. 노동자와 병사들은 소비에트*를 만들어, 차르 정부와 싸워 나갔어.

혁명은 금세 페트로그라드를 넘어 전국으로 퍼져 나갔어. 차르는 전선의 군대에 마지막 희망을 걸었지만, 이들마저 혁명 세력의 편을 들었어. 니콜라이 2세는 더는 기댈 데가 없었고, 결국 차르 자리에서 물러났지. 2월 혁명이 성공을 거둔 거야.

1917년에 러시아에서 일어난 2월 혁명 당시 여성들의 시위 모습이다.

이제 러시아는 임시 정부와 노동자·병사의 소비에트가 이끌게 되었어. 임시 정부는 부르주아로 이루어진 입헌 민주당 중심으로 구성되었고, 소비에트는 임시 정부 바깥에 머물렀지.

그런데 소비에트는 혁명을 성공시키고도 왜 임시 정부를 부르주아에게 넘겼을까? 그것은 멘셰비키와 사회 혁명당이 소비에트의 지도부를 이끌고 있었기 때문이야. 이들은 지금은 노동자가 나설 때가 아니라고 생각했지. 그래서 임시 정부는 부르주아에게 맡기고, 노동자는 밖에서 압력을 행사하는 것에 그쳐야 한다고 생각했어.

어쨌든 민중들은 임시 정부가 어서 빨리 전쟁을 중단하고, 필요한 개혁을 해 주기를 바랐어. 노동자는 8시간 노동제를 원했고, 농민은 토지를 원했지.

하지만 임시 정부는 민중의 요구를 계속 모른 척했어. 게다가 전쟁을 끝내기는커녕 전쟁에 매달려 있었어. 이유는 조금 달랐지만, 임시 정부를 이끄는 입헌 민주당은 물론 소비에트 지도부를 차지한 멘셰비키, 사회 혁명당도 모두 전쟁을 계속 해야 한다는 입장이었지. 이 전쟁은 제국주의 전쟁이 아니라 조국 방위 전쟁이라면서 말이야.

이렇게 2월 혁명으로 차르 체제가 무너지고 임시 정부가 들어섰지만, 전쟁은 계속되었어. 러시아 민중의 삶은 바뀐 게 없었지. 바로 그때 혁명의 물줄기를 바꾸는 일이 일어나게 돼.

제국주의 전쟁을 사회주의 혁명으로

"사랑하는 동지 여러분 그리고 병사와 노동자 여러분! 이제 빵과 토지, 평화와 자유를 위해 일어섭시다. 전쟁을 계속하는 임시 정부를 타도하고, 모든 권력을 소비에트가 가져야 합니다. 이 지긋지긋한 제국주의 전쟁을 끝내고, 사회주의 혁명을 이룩합시다."

1917년 4월, 볼셰비키의 지도자 레닌은 페트로그라드의 한 기차역에 내리자마자 이렇게 외쳤어. 레닌은 사회주의 혁명 운동을 하다가 쫓겨나 10년 동안 해외에서 망명 생활을 했어. 그러다가 러시아에서 혁명이 일어났다는 소식을 듣고 돌아오는 길이었지. 수천 명의 노동자와 병사가 계속해서 '레닌, 레닌!' 이라고 외쳐 댔어.

2월 혁명으로 등장한 임시 정부는 전쟁을 계속하며 개혁을 미루고, 소비에트 지도부는 임시 정부에 끌려가기만 했어. 민중들은 이 둘에게 모두 크게 실망한 상태였지. 이런 상황에서 레닌의 귀국은 혁명의 물줄기를 바꿔 놓았어.

레닌은 '모든 권력을 소비에트로' 라는 구호를 내걸고 임시 정부를 무너뜨리자고 외쳤지. 모든 권력을 소비에트가 가져야만 노동자, 농민, 병사가 원하는 빵과 토지, 평화와 자유를 얻을 수 있다는 주장이었지. 민중들은 점점 레닌의 주장에 귀를 기울이기 시작했어. 결국 소비에트 안에서도 레닌의 주장을 지지하는 볼셰비키가 다수가 되었지.

마침내 1917년 10월, 레닌은 혁명을 더는 미룰 수 없다고 판단했어. 레닌의 지도 아래 소비에트는 무장 봉기를 일으켰지. 말이 무장 봉기지 별다른 충돌 없이 거의 평화롭게 진행되었어. 임시 정부를 지지하는 사람은 거의 없었거든. 임시 정부의 지도자들은 도망가고, 임시 정부는 힘 한 번 써 보지 못하고 무너졌어.

혁명의 성공과 함께 소비에트 공화국이 선포되고, 레닌이 이끄는 소비에트 정부가 들어섰어. 이렇게 해서 러시아에 세계 최초로 사회주의 공화국이 들어섰어. 소비에트 정부는 전쟁을 즉각 중단하자는 '평화에 대한 포고' 를 선포했어. 또 지주와 차르, 수도원의 토지에 대한 모든 권리를 사회가 소유하고, 이를 농민들에게 평등하게 나눠준다는 '토지에 대한 포고' 를 발표했지.

이와 함께 소비에트 정부는 노동자들이 공장을 운영하는 제도와 8시간 노동제 등을 도입했어. 여성에게는 세계 최초로 완전한 투표권을 주었어. 또한 공동 식당, 공동 세탁소, 탁아소, 유치원 등을 세워서, 그동안 여성들을 짓눌러 온 가사 노동에서 벗어나게 해 주었지. 그리고 러시아의 여러 민족에게도 민족 자결권을 주었어.

혁명 정책의 실시와 함께 소비에트 정부는 전쟁을 벌이는 모든 나라에게 전쟁 중단을 호소했어. 전쟁이 계속되는 한 민중은 고통에서 빠져나올 수가 없었거든.

알렉산드르 롯첸코가 1920년경에 제작한 사진 콜라주이다.
러시아 10월 혁명의 성공과 러시아 소비에트 사회주의 공화국 연방의 수립을 기념하고 있다.

하지만 연합국이 아무 반응을 보이지 않자, 소비에트 정부는 단독으로 독일과 휴전 교섭에 들어갔지. 소비에트 정부는 병합과 배상이 없는 평화를 주장했지만, 독일은 많은 영토를 요구했어. 결국 1918년 3월, 소비에트 정부는 전쟁을 끝내는 조건으로 우크라이나, 발트 연안 지대, 핀란드를 독일에게 넘겨야 했어. 러시아 인구의 약 35퍼센트, 철 생산의 80퍼센트, 석탄 생산의 90퍼센트를 잃는 엄청난 손실이었지.

혁명을 성공시키고 전쟁을 끝냈지만, 혁명은 끝이 아니라 이제 겨우 시작일 뿐이었어. 러시아 민중들은 혁명을 지키기 위해 또 다른 전쟁을 치러야 했어. 바로 러시아 내전이야.

러시아 내전은 혁명에 반대하는 지주와 자본가들이 군대를 조직해 소비에트 정부를 공격하면서 시작되었어. 이들을 백군이라고 해. 백군은 다양한 세력이 뒤섞여 있었지만, 그중 다수는 차르 전제정과 지주제로 돌아가자는 사람들이었지.

안에서 백군이 소비에트 정부를 공격하는 사이, 미국, 영국, 프랑스, 일본을 비롯해 모두 14개의 나라가 백군을 돕고 나섰어. 군대와 무기를 보내고, 러시아 경제를 차단해 버렸지. 사회주의 혁명이 전 세계로 번지는 게 두려웠던 거야.

소비에트 정부는 백군과 외국 군대의 공격으로, 바람 앞의 등불 같은 신세가 되었어. 백군이 이기면 차르 전제정이 다시 들어서고, 노동자와 농민은 혁명으로 얻은 권리며 토지를 모두 빼앗길 판이었지. 노동자와 농민은 혁명과 토지를 지키기 위해 소비에트 정부 편에서 백군에 맞서 싸웠어. 마침내 1920년, 소비에트 정부는 백군과 외국 군대를 물리칠 수 있었어.

세계 최초로 러시아에 등장한 소비에트 정부는 모두가 함께 노동하고, 생산한 물건들을 함께 나누는 사회를 약속했다.

레닌이 신경제 정책을 실시하다

코민테른*
1919년에 세워진 세계 여러 나라 공산당의 연합 조직이다. 레닌의 주도 아래 소련 공산당을 중심으로 창립되어, 국제 공산주의 운동을 지도하다가 1943년에 해산되었다.

백군과 외국 군대에 맞서 싸우는 사이, 소비에트 정부는 또 다른 문제와 싸워야 했어. 이미 제1차 세계 대전을 치르는 동안, 러시아의 공장과 도로는 폐허가 되었고 기름진 땅은 황무지로 변했어. 엎친 데 덮친 격으로 내전을 치르는 동안, 자본주의 나라들이 교역을 모두 끊어 버렸지. 그 바람에 식량과 물자가 거의 동이 나서, 러시아 경제는 마비 상태에 빠져들었어.

소비에트 정부는 이런 절박한 상황에서 벗어나기 위해, 전시 공산주의 정책을 폈어. 모든 산업을 국유화하고, 모든 생산과 분배를 정부의 철저한 계획에 따라 펼친다는 내용이야. 모든 교역이 금지되고, 물물 교환 경제가 등장했어.

하지만 넓은 러시아 땅에서 소비에트 정부가 모든 생산과 분배를 관리하는 건 거의 불가능했어. 각 공장은 생산에 필요한 자원을 구하기가 어려웠고, 만든 제품을 전국에 분배하기도 어려웠지. 공업 제품을 제때 공급받지 못하자, 농민도 식량을 내놓으려고 하지 않았어.

소비에트 정부는 노동자와 병사를 농촌으로 내려 보내, 농민에게서 강제로 식량을 거두어 갔어. 군대가 백군과 외국 군대에 맞서 싸우고 있었기 때문에, 식량이 절대적으로 필요했지. 게다가 도시 사람들도 먹고살아야 했고 말이야. 소비에트 정부로서도 어쩔 수

레닌의 초상화이다. 레닌은 1917년 10월 혁명을 성공으로 이끈 뒤, 러시아 소비에트 사회주의 공화국의 첫 최고 지도자가 되었다. 레닌은 백군과의 전쟁을 승리로 이끌고, 신경제 정책을 실시했다.

없는 노릇이었지. 농민들도 마지못해 식량을 내놓았어. 토지를 빼앗겠다는 백군보다는 토지를 나눠 준 소비에트 정부가 그나마 더 나았으니까. 하지만 시간이 갈수록 농민의 불만이 점점 커져 갔어. 결국 내전이 끝난 뒤 전시 공산주의 정책에 대한 불만이 터져 나왔어. 병사와 농민들이 반란을 일으켰지.

그러자 소비에트 정부는 1921년 경제 정책 방향을 크게 바꾸고, 신경제 정책을 펼치기 시작했어. 자본주의 시장 경제 원리를 어느 정도 받아들인 거야.

우선 농민들에게 강제로 식량을 거두는 대신, 일정한 양의 곡물을 세금으로 내게 했어. 그리고 나머지는 농민들이 시장에서 팔 수 있게 했지. 또한 국유화했던 중소기업은 개인에게 팔았어. 대기업은 계속 국가 소유로 남겨 놓되 생산, 가격, 임금을 시장 원리에 따르도록 했지. 신경제 정책을 펼치자 생산이 서서히 늘어나고, 경제는 활력을 되찾기 시작했어.

어느 정도 숨을 돌리게 되자, 1922년에 러시아는 우크라이나 등과 함께 '소비에트 사회주의 공화국 연방'을 세웠어. 소비에트의 '소', 연방의 '연'을 따서 간단히 '소련'이라고 하지.

한편 혁명에 승리한 직후, 레닌이 이끄는 볼셰비키는 사회 민주 노동당이라는 이름을 버리고, 공산당으로 이름을 바꾸었어. 그리고 코민테른*을 만들었어. 자본주의와 제국주의에 반대하고, 사회주의 혁명을 전 세계로 퍼뜨리기 위해서였지. 코민테른은 아시아와 유럽 나라들의 공산당과 사회주의 혁명 운동을 지원했어. 또한 제국주의에 반대하는 식민지 민족 해방 운동도 도왔지. 코민테른의 활동으로 아시아의 조선, 중국, 일본, 베트남 등에서는 공산주의 운동과 식민지 민족 해방 운동이 빠르게 성장했어.

그러던 중 1924년에 레닌이 죽었어. 스탈린이 레닌의 뒤를 이어 소련의 새로운 최고 지도자가 되었지. 그런데 스탈린은 소련이 나아가야 할 길을 둘러싸고 트로츠키와 치열한 다툼을 벌여야 했어. 트로츠키는 레닌과 함께 러시아 혁명을 이끈 지도자들 가운데 대표적인 사람이었지.

레닌은 러시아에서 혁명이 성공하면, 다른 자본주의 나라에서도 사회주의 혁명이 잇달아 일어날 것이라고 예측했지. 또한 소련이 다른 나라의 사회주의 혁명 운동을 적극적으로 지원하는 일이 중요하다고 주장했지.

그런데 레닌의 예측은 어긋나고 말았어. 도리어 미국, 영국, 일본 같은 자본주의 나라들이 세계 유일의 사회주의 나라인 소련을 포위하고, 소련을 무너뜨릴 기회만 엿보고 있었지.

그래서 스탈린은 소련이 자본주의 나라들의 공격으로 무너지는 것은 아닌지, 레닌이 실시한 신경제 정책으로 자본주의가 소련에서 다시 되살아나는 것은 아닌지 불안했지. 스탈린은 사회주의 세계 혁명에 힘을 쏟기보다 소련이라도 먼저 사회주의 사회를 튼튼하게 만드는 일에 힘을 쏟아야 한다고 주장했지.

하지만 트로츠키는 세계 혁명을 주장하며 스탈린에 맞섰어. 세계 모든 나라에서 동시에 혁명이 일어나지 않으면, 소련 독자적으로 사회주의 사회를 만드는 데 성공할 수 없다는 거지.

스탈린과 트로츠키의 주장이 팽팽하게 맞섰지만, 결국 스탈린이 트로츠키를 추방하고 모든 권력을 손에 넣었어. 그 뒤 스탈린은 세계 혁명보다는 소련의 경제 발전과 군사력 강화를 서둘렀지. 스탈린 덕분에 소련은 경제와 군사 강국으로 빠르게 성장했지만, 점차 1인 독재 국가로 바뀌어 갔어. 그 자세한 이야기는 뒤에서 살펴보자꾸나.

클릭! 역사 속으로
세계 동시 혁명을 주장한 트로츠키

"의식을 깨친 이래, 나는 43년의 생애를 혁명가로 살아왔다. 특히 그중 42년 동안은 마르크스주의를 따라 투쟁해 왔다. 내가 다시 새로이 시작할 수만 있다면 이런저런 실수들을 피하려고 노력할 것은 물론이지만, 내 인생의 큰 줄기는 바뀌지 않을 것이다.
……

방금 전 나타샤가 마당을 질러와 창문을 활짝 열어 주었기에, 공기가 훨씬 자유롭게 내 방 안에 들어오게 됐다. 벽 아래로 빛나는 연초록 잔디밭과 벽 위로는 투명하게 푸른 하늘, 그리고 모든 것을 비추는 햇살이 보인다.

인생은 아름다워!

훗날의 세대들이 모든 악과 억압과 폭력에서 벗어나 삶을 마음껏 누리게 하자!"

1940년 2월 27일 멕시코에서 러시아 혁명가인 레온 트로츠키가 죽기 전 마지막으로 남긴 글이야. 트로츠키는 열일곱 살에 처음 마르크스 사상을 알게 되었어. 당시 러시아 민중은 차르의 통치 아래 가난하고 힘든 삶을 살고 있었지. 트로츠키는 사람들을 모으며 혁명의 꿈을 키웠어. 1902년에 트로츠키는 레닌을 만났고, 두 사람은 힘을 모아 1917년에 러시아 혁명을 일으켜 성공했지.

그러나 1924년에 레닌이 죽은 뒤에 트로츠키는 고난의 길을 걷게 돼. 트로츠키는 소련이 나아갈 길을 두고 새로운 지도자가 된 스탈린과 크게 대립했어. 스탈린의 일국 사회주의 혁명론에 맞서, 트로츠키는 세계 동시 혁명론을 주장했지.

결국 권력 투쟁에서 밀려, 1929년에 트로츠키는 나라 밖으로 내쫓겼지. 트로츠키는 스탈린을 비판하며 이곳저곳을 옮겨 다니다가 멕시코까지 왔지. 그러다가 1940년에 스탈린이 보낸 암살자 손에 죽고 말아. 트로츠키는 평생을 혁명가로 살다가 '인생은 아름답다'는 말을 남긴 채 허무하고 슬픈 죽음을 맞이했어.

민주주의와 대중운동의 물결

제1차 세계 대전이 끝나고 세계에는 많은 변화가 일어났어. 특히 유럽에는 공화국이 크게 늘어났고, 대중들에게 민주주의가 널리 퍼졌지. 아시아의 대중들도 자신이 원하는 사회나 국가를 만들기 위해, 발 벗고 뛰어들었어. 대중의 물결이 세계를 휩쓸기 시작한 거야. 이 시기에 왜 대중 민주주의와 대중 운동의 물결이 거세게 일기 시작했을까?

| 공화제와 대중 민주주의가 널리 퍼지다 |

전쟁의 불길이 휩쓸고 지나가면서, 유럽과 주변 지역은 잿더미가 되었어. 그런데 그 잿더미 위에서 공화국이 속속 들어서고, 대중 민주주의가 꽃피기 시작했지. 전쟁의 잿더미 위에서 대중 민주주의가 꽃피다니, 도대체 어떻게 된 일일까? 까마귀 날자 배 떨어진 걸까?

그렇지 않아. 전쟁 중에 러시아에서 사회주의 혁명이 일어났고, 소비에트 정부는 선거권을 확대했어. 재산이나 성별에 관계없이 모든 성인이 선거권을 갖게 된 거야.

러시아 혁명의 물결은 이웃 나라인 독일로 퍼져 나갔어. 전쟁에 지친 노동자를 비롯한 민중들이 황제를 몰아냈지. 그 뒤에 바이마르 헌법이 만들어지고, 헌법에 따라 바이마르 공화국이 세워졌지. 바이마르 헌법은 당시로서는 세계에서 가장 민주적인 헌법이었지. 개인의 정치적 자유는 물론 여성 참정권, 노동자의 노동 조건, 국민의 경제 조건까지 보호했어. 이웃 오스트리아에서도 제국이 무너지고 공화국이 들어섰어.

그런가 하면 영국에서도 민주주의가 더욱 발전했어. 전쟁 전까지만 해도 여성과 재산이 없는 남성은 선거권이 없었어. 이 무렵 유럽의 거의 모든 나라가 그랬지. 그런데 전쟁이 끝날 무렵인 1918년 1월에 스물한 살 이상의 모든 성인 남성과 서른 살 이상의 여성에게 선거권을 주는 법률이 만들어졌어. 1928년에는 모든 성인 여성이 선거권을 갖게 되었지.

전쟁을 거치며 여성이 선거권을 얻게 된 것은 무슨 이유일까? 물론 19세기 말부터 오랫동안 여성들이 참정권 운동을 펴 온 덕분이었어. 그런데 전쟁을 거치면서, 참정권을 요구하는 여성의 목소리가 더 힘을 얻게 되었지. 전쟁 기간 동안 여성들의 사회·경제 활동이 더욱 활발해졌기 때문이야.

제1차 세계 대전은 총력전으로 진행되었다고 했지? 그 때문에 여성도 전선과 후방에서 전쟁에 활발하게 참여했어. 그동안 정부는 여성이 사회와 국가에 직접 이바지한 게 없다며, 여성 참정권을 반대했어. 하지만 이제 더는 그런 주장을 할 수가 없게 되었지. 여성들은 이를 기회로 삼아, 시위와 운동을 조직적으로 펼치며 참정권을 강하게 요구했어. 그리고 마침내 참정권을 손에 쥐는 데 성공했지.

이 무렵 영국, 독일, 프랑스 같은 서유럽의 사회주의 정당도 큰 변화를 겪게 돼. 전쟁 전에 서유럽의 많은 사회주의자가 혁명을 일으키기 위해 많은 노력을 했어. 그런데 전쟁을 거치면서

1925년 독일 베를린의 제국 의회 건물에서 바이마르 공화국 수립 6주년 기념식을 하고 있다. 기념식단 주변 벽면에 바이바르 공화국의 상징인 독일 독수리 깃발이 걸려 있다.

대중 민주주의 시대의 개막

1. 1902년 벨기에의 공산주의자들이 보통 선거권을 요구하며 시위를 벌이고 있다.
2. 1905년 크라쿠프의 노동자들이 보통 선거권을 요구하는 시위를 하고 있다.
3. 1913년 3월에 출판된 여성 참정권 잡지의 표지이다.
4. 1905년 시카고에서 한 여성이 여성들의 선거권을 요구하는 캠페인을 벌이고 있다.
5. 1920년 11월, 미국 뉴욕의 맨해튼에 있는 투표소에서 여성들이 처음으로 대통령 선거에서 투표를 하고 있다.

서유럽의 사회주의자 대부분이 혁명 주장을 포기했지.

당시 대부분의 서유럽 나라는 자본주의의 발달과 함께 노동자의 생활도 상당한 수준으로 높아져 있었어. 그래서 서유럽의 노동자들은 폭력 혁명을 통한 급격한 사회 변화에 별 관심이 없었지. 게다가 대부분의 서유럽 나라에서는 19세기 말부터 의회 제도가 발달했고, 자유로운 정당 활동이 법으로 보장되었지.

그래서 서유럽의 사회주의자들 사이에 의회 민주주의를 통한 평화로운 개혁으로 사회주의 사회를 만들자고 주장하는 목소리가 커졌지. 특히 제1차 세계 대전을 거치며 서유럽의 사회 민주주의 정당은 선거로 의회에 진출해서 노동자의 권리와 복지를 넓히는 여러 법을 만드는 방향으로 확실하게 나아갔어.

이후로 서유럽 나라의 여러 정당들은 서로 다양한 정책들을 내세우며 국민들에게 더 많은 지지를 받으려고 경쟁하였지. 그러자 노동자를 비롯한 대중도 정치에 더욱 관심을 갖고 적극적으로 참여하기 시작했지. 그러면서 서유럽의 대중 민주주의는 더욱 발전하였지.

서유럽뿐만 아니라 동유럽에서도 공화제와 대중 민주주의의 발전이 이뤄졌어. 동유럽은 전쟁이 일어나기 전에 대부분 러시아, 독일, 오스트리아 제국의 지배 아래 신음하고 있었지. 그런데 파리 평화 회의에서 패전국의 영토 중 유럽 안의 영토에만 민족 자결주의 원칙을 적용하기로 했던 것, 기억하지?

그 덕분에 동유럽의 폴란드·헝가리·체코슬로바키아 같은 여러 나라가 독립을 했어. 이 나라들은 헌법을 만들어 공화국을 세우는 한편, 제도를 민주화하고 산업화를 시작했지. 북유럽의 핀란드, 발트 해 연안의 나라 역시 이 무렵 새로 나라를 세웠는데, 이 나라들도 대부분 공화제를 받아들였어.

한편, 대서양 건너 미국에서도 1919년에 여성에게 선거권이 주어졌어. 물론 흑인들은 여전히 선거권을 누리지 못했지만 말이야. 그뿐만 아니라 전쟁에 패배한 오스만튀르크 제국에서도 케말 파

21개조*
1915년 1월 18일 제1차 세계 대전 중 일본이 중국에게 요구한 21가지 특혜 조건을 말한다. 산동 성의 철도 및 광산에 대한 이권 인정, 만주 지역에 조차지 설정, 한예핑 광산의 공동 관리, 중국 연안의 섬·항구 이용 등이다.

샤가 혁명을 일으켜 술탄을 내쫓고 1923년에 터키 공화국을 새로 세웠어. 그리고 여성 참정권과 민주주의를 확대했지.

이렇게 해서 제1차 세계 대전 이후 유럽을 비롯해 세계 여러 나라에서 남녀평등의 보통 선거가 이뤄졌고, 모든 성인이 선거권을 갖고 정치에 참여하는 대중 민주주의가 퍼지게 되었어.

| 동아시아 대중들이 민주주의와 독립을 외치다 |

유럽을 비롯해 터키, 미국 등에서 공화제와 민주주의가 발전하는 동안, 동아시아에서도 민주주의와 독립을 요구하는 대중 운동이 활발해졌어. 일본에서는 1918년 7월부터 두 달 가까이 대중들이 '쌀 소동'을 일으켜 나라를 뒤흔들었지.

이 무렵 일본은 공업이 빠르게 발전하면서 도시 노동자가 크게 늘어났어. 농민과 농토는 줄어들었는데, 쌀 소비가 늘면서 쌀값이 크게 오르기 시작했지. 그런데도 정부는 지주의 이익을 지키려고 관세를 올렸고, 지주와 상인은 쌀을 잔뜩 쌓아 놓고 쌀값이 더 오르기만을 기다렸어. 쌀값은 하루가 다르게 치솟기만 했지.

결국 모두 500개가 넘는 지역에서 수십만 명의 대중이 쌀가게, 지주의 집, 관공서를 마구 습격했어. 메이지 유신 이후 이렇게 많은 대중이 거리로 쏟아져 나온 것은 처음이었지.

쌀 소동 이후에 일본의 노동 운동과 농민 운동은 크게 발전했어. 그리고 나라 안의 대중 운동과 나라 밖의 러시아 혁명의 영향으로, 사회주의 운동도 활발해졌지. 정부도 이미 터져 나온 대중의 욕구를 더는 힘으로만 억누를 수 없었어. 결국 스물다섯 살 이상의 모든 남성에게 선거권을 주기로 했지. 1928년, 첫 보통 선거에서 무산 정당은 46만 표를 얻고 8명의 당선자를 냈어. 정부와 자본가의 간담이 서늘해졌지.

일본에서 쌀 소동이 일어난 이듬해인 1919년 3월, 일본의 식민지인 조선에서는 독립을 요구하는 대중들의 목소리가 터져 나왔어.

"대한 독립 만세!"

서울의 탑골 공원에서 「독립 선언서」 낭독과 함께 만세 운동이 시작되었고, 금세 전국 방방곡곡으로 퍼져 나갔어. 수많은 학생, 상인, 노동자, 농민이 거리로 쏟아져 나왔고, 빼앗긴 나라를 되찾겠다는 굳은 의지를 일본과 세계에 밝혔지. 하지만 조선 사람들은 연합국의 외면과 일본의 탄압으로 나라를 되찾지는 못했어.

하지만 3·1 운동은 민족 운동의 새로운 시작이었어. 가장 큰 변화는 상하이에 '대한민국 임시 정부'가 들어선 거야. 임시 정부는 헌법을 만들어, 남녀평등의 보통 선거로 이루어진 민주 공화국을 세우겠다는 목표를 밝혔어. 그 후로 많은 사람이 일본의 지배에서 벗어나 공화국을 세우는 것을 목표로, 나라 안팎에서 다양한 방식으로 싸움을 펼쳐 나갔지.

조선에서 3·1 운동이 일어난 해 5월, 중국에서도 대대적인 투쟁이 펼쳐졌어. 베이징의 학생들을 시작으로 상인, 노동자, 농민이 들고일어났지. '5·4 운동'이 시작된 거야.

"21개조*를 취소하라."

"매국노를 처벌하라."

중국 민중의 싸움 상대는 일본 제국주의와 중국의 군벌 정부였어. 당시 일본은 연합국 편을 들어 전쟁에 참가한 대가로 '21개조'를 요구하고 있었지. 21개조에는 전쟁 전에 독일이 차지하고 있던 산동 반도를 일본이 물려받는다는 내용 등이 들

1924년에 찍은 사진으로, 오른쪽 의자에 앉아 있는 이가 쑨원이다. 왼쪽에 서 있는 이는 쑨원의 후계자 장제스인데, 1927년 상하이 쿠데타를 일으켜 공산당을 탄압했다.

어 있었어. 그런데 파리 평화 회의에서 중국 군벌 정부가 순순히 일본의 21개조 요구를 들어주기로 한 거야.

이 소식이 중국에 전해지자, 중국 민중이 들고일어났어. 결국 군벌 정부도 민중의 요구에 밀려 21개조를 거부했지. 민중들이 제국주의와 군벌의 힘을 꺾은 거야.

그동안 쑨원은 소수 혁명가를 중심으로 혁명을 이루려 했어. 하지만 5·4 운동을 보면서 생각을 바꿨지. 러시아 혁명도 그의 생각을 바꾸는 데 큰 몫을 했어. 쑨원은 민중의 단결된 힘만이 혁명을 성공시킬 유일한 길이라고 생각했지. 그는 노동자와 농민이 참여할 수 있는 정당을 만드는 일에 뛰어들었어. 그의 노력으로 마침내 국민 혁명 정당인 국민당이 들어섰지.

한편, 중국에서도 많은 지식인이 러시아 혁명의 영향으로 사회주의 사상에 빠져들었어. 쑨원이 그랬듯이 이들 역시 5·4 운동에서 용기를 얻었지. 대중의 힘을 새삼 느낀 거야. 이들은 노동 계급의 힘으로 혁명을 이루자며 공산당을 조직했어.

국민당과 공산당이 세우려는 중국의 미래는 서로 달랐어. 하지만 일본 제국주의와 군벌을 몰아내야 한다는 목표는 같았지.

당시 일본은 호시탐탐 중국을 노리며 압박해 왔고, 군벌은 일본 제국주의에 빌붙어 민중을 쥐어짜고 있었어. 1924년, 두 혁명 정당은 북쪽의 군벌들을 몰아내기 위해 손을 잡았어. 이를 '제1차 국공 합작'이라고 해.

그러던 중 쑨원이 죽고, 장제스가 국민당의 새로운 지도자가 되었어. 쑨원과 달리 장제스는 노동자, 농민과 공산당의 힘이 커지는 것에 두려움을 느꼈지. 그래서 군벌을 공격하러 가는 도중 쿠데타를 일으켜 공산당원을 체포하고, 노동자 조직을 해산해 버렸어. 그리고는 일부 군벌과 자본가, 제국주의 나라들을 끌어들여서 군벌들을 진압하고 전 중국을 통일했지.

그런 다음 장제스는 공산당을 몰아내기 위해, 모두 다섯 차례나 대규모 군대를 일으켰어. 1934년, 장시 성에서 국민당의 공격에 맞서던 공산당은 더는 버틸 수가 없었지. 그래서 겹겹이 둘러친 포위망을 간신히 뚫고 멀고 험난한 대장정에 나섰어. 이때 마오쩌둥이 새로운 지도자로 떠올랐지. 공산당은 서쪽으로 쫓겨 가는 동안 농민들의 요구에 귀를 기울였고, 그들의 지지를 얻어 나갔어.

| 아시아의 민족 운동이 대중 운동으로 발전하다 |

"자치의 약속을 지켜라."
"인도인을 탄압하는 법을 당장 없애라."
1919년, 인도 암리차르에서 1만여 명의 인도 사람이 시위를 벌였어. 인도 사람들은 제1차 세계 대전 때 영국에게 자치를 약속받고, 150만 명을 보내 영국을 도왔지. 하지만 전쟁이 끝나고 돌아온 것은 형식적인 자치와 인도인을 탄압하는 법이었어. 인도 사람들은 자신들의 분노를 시위로 표시했지. 그런데 영국 군대가 평화롭게 행진하는 시위대를 향해 총을 쏘아 400명 가까이 죽고 1,200명가량이 다쳤어.

소금 행진*

1930년 3월 12일, 간디는 소금법에 항의하는 뜻으로 390킬로미터에 이르는 거리를 지지자들과 행진했다. 소금법은 영국 식민지 정부가 인도 사람들의 소금 생산을 금지하고, 영국산 소금에 세금을 매긴 법을 일컫는다.

인도 민족 운동의 지도자

1. 간디가 물레를 돌려 실을 잣고 있다.
2. 간디와 네루가 사이좋게 이야기를 나누고 있다. 두 사람은 인도가 영국의 지배에서 벗어날 때까지 함께 인도 민족 운동을 이끌었다.
3. 1930년, 간디가 지지자들과 함께 소금 행진을 하고 있다.
4. 인도 독립 운동의 정신적 지도자였던 간디의 모습이다.

암리차르 학살 사건 이후, 인도 대중이 움직이기 시작했어. 간디가 국민 회의의 새로운 지도자가 되어 인도 대중을 이끌었지. 간디는 농민의 옷차림을 하고, 영어가 아니라 인도 민중이 알아들을 수 있는 힌두스탄 어로 연설했어. 그러면서 영국에 맞서 과감히 행동에 나서라고 주장했지.

간디가 제안한 행동은 거창한 것이 아니었어. 그는 '완전한 자치'를 주장하며 비폭력·불복종 운동을 제시했어. 항의 행진, 일부러 법 어기기, 피켓 들기, 술 안 먹기, 농성 등 배움이 없는 사람도 얼마든지 참여할 수 있는 거였지. 간디의 노력으로 인도 민족 운동은 전 국민이 참여하는 대중 운동으로 탈바꿈했어. 그리고 간디는 인도 대중과 함께 영국 식민지 정부에 맞서 싸웠지.

그러던 중 1929년, 새로운 지도자가 나타났어. 바로 네루야. 그는 암리차르 사건 이후 국민 회의에서 활동하면서, 청년과 지식인의 믿음을 한 몸에 받고 있었지. 네루는 인도 대중과 함께 싸우는 간디의 모습을 보며, 간디를 마음속 깊이 존경했어. 그리고 간디와 함께 인도 대중 운동을 이끄는 지도자가 되었지.

하지만 네루는 여러 가지로 간디와 생각이 달랐어. 그는 '완전한 자치'를 주장하는 간디와 달리 영국의 지배에서 벗어나 '온전한 나라'를 세워야 한다고 생각했지.

또 인도 사람들의 비참한 삶을 해결하는 방법에 대해서도 생각이 달랐어. 네루는 간디가 주장하듯이 물레를 돌리는 전통적인 방식으로는 가난에서 벗어날 수 없다고 생각했지. 그러면서 새로운 나라가 어느 길로 나아가야 할지에 대해 많은 생각을 했어.

네루는 우선 영국 식민지 정부와 싸우는 방법으로 납세 거부 운동을 시작했어. 간디도 소금 행진[*]을 이끌며 납세 거부 운동을 거들었지. 간디의 소금 행진은 영국 식민지 정부에 대한 말없는 선전 포고였어. 간디와 네루가 이끄는 인도 대중은 이렇게 영국의 지배에 맞서 싸우면

서 자신들이 원하는 나라를 만들기 위한 움직임을 줄기차게 펼쳐 나갔지.

인도에서 민족 운동이 활발하게 이뤄지는 동안 동남아시아의 여러 나라에서도 민족 운동이 활기를 띠고 있었어. 그중에 대표적인 나라가 베트남이야. 당시 베트남은 프랑스의 지배를 받고 있었어. 프랑스는 제1차 세계 대전에 협력하면, 독립시켜 주겠다고 베트남 사람들에게 약속했지. 하지만 프랑스는 전쟁이 끝나자 약속을 지키지 않았어.

많은 베트남 사람이 프랑스의 배신에 분노했어. 그중에 젊은 호치민이 있었지. 호치민은 베트남 민중의 힘으로 제국주의자들을 몰아내야겠다고 다짐했어. 제국주의자들은 절대 스스로 식민지를 포기하지 않는다는 교훈을 얻은 거야. 또 호치민은 제국주의를 몰아내는 것도 중요하지만, 그 후 어떤 나라를 세울 것인지도 중요하다고 생각했어.

1924년, 호치민은 중국 광저우에서 베트남 혁명 청년 협회를 만들어 활동했어. 그 후 1930년 협회 동지들과 함께 베트남 공산당을 만들고, 이듬해 인도차이나 공산당으로 이름을 바꾸었지. 공산당의 지도 아래 베트남 민중은 세금과 소작료를 내릴 것, 노동 조건을 개선할 것 등을 요구하며 프랑스 식민 정부와 싸웠어. 프랑스 식민 정부는 이들의 저항을 잔인하게 탄압했지만, 호치민과 베트남 민중은 굴복하지 않고 투쟁을 계속해 갔지.

클릭! 역사 속으로
중국을 사랑한 혁명가, 쑹칭링

'혁명은 중국에 자유와 평등을 가져왔다. 이제 자유와 평등의 기반이 되는 박애를 실현하는 것이 20세기의 목표가 되어야 한다.'

'하늘의 반쪽을 지탱하는 여성, 이 여성을 소외시킨 인류 사회의 발전은 존재할 수 없다.'

1911년 중국에서 신해혁명이 일어난 뒤의 일이었어. 미국 웨슬리언 대학에 다니던 한 중국 여학생이 학교 잡지에 글을 실었어. 「20세기 최대의 사건」, 「현대 중국의 여성들」 같은 제목의 글이었지. 이런 글을 쓴 중국 여학생은 열여덟 살의 쑹칭링이었어.

쑹칭링은 전부터 가난한 중국 민중이 잘살려면, 썩은 나라를 바로잡아야 한다고 생각했지. 게다가 나라를 바로잡는 데 언젠가는 자신도 남자처럼 똑같이 참여해야 한다고 다짐하고 있었지. 그러던 중 중국에서 혁명이 일어났다는 소식을 듣고, 평소 자신이 품고 있던 생각을 당당히 밝힌 거야.

그 후 쑹칭링은 자기의 이런 생각을 실천에 옮기는 데 모든 인생을 바치게 되지. 쑹칭링은 대학을 졸업하자 곧장 신해혁명을 이끈 쑨원을 찾아갔어.

"나도 나라를 바로잡는 일에 뛰어들고 싶습니다."

마침 쑨원의 비서 자리가 비어, 쑹칭링이 그 일을 맡았지. 그러면서 쑨원의 혁명 원칙에 깊이 공감하게 되었어. 그리고 스물일곱 살의 나이 차이를 뛰어넘어, 쑨원과 결혼했지. 그 뒤 쑹칭링은 쑨원과 함께 활동하며 많은 것을 배웠어. 쑹칭링 역시 쑨원에게 많은 영향을 주었지. 쑨원이 죽고 난 뒤, 쑹칭링은 활동의 폭을 더욱 넓혔어. 쑹칭링은 죽을 때까지 민중을 위해, 여성을 위해, 아이들을 위해 활동했지. 중국 사람들은 남을 위해 실천하며 살다간 혁명가, 쑹칭링을 '중국의 양심'이라고 부르기도 해.

전쟁으로 이득을 보는 사람들이 있어요

전쟁이 일어나면, 많은 사람이 목숨을 잃거나 다친단다. 또 집이며 농토며 공장이 파괴되어 삶의 터전을 잃게 되지. 그래서 대부분의 사람은 전쟁을 원하지 않아.

하지만 일부 정치가나 전쟁으로 이득을 보는 군수 산업가들은 전쟁이 일어나기만을 기다리지. 그래서 어떻게든 전쟁 분위기를 만들려고 애를 쓰기도 해. 그렇다고 이 사람들이 드러내 놓고 전쟁을 부르짖지는 않아. 민족 감정을 부추기거나 국가 이익을 앞세우면서, 전쟁의 필요성을 이야기하지. 특히 상대방이 먼저 전쟁을 걸어오면 그것만큼 좋은 구실거리가 없지. 이렇게 해서 전쟁이 일어나면, 전쟁터에서 참상이 펼쳐지는 동안 이들은 권력을 키우고 돈을 챙긴단다.

2
암흑과 폐허에서 일어나는 세계

제1차 세계 대전을 거치며 세계는 더욱 촘촘히 이어졌어. 그리고 제1차 세계 대전이 끝난 뒤에는 한동안 큰 전쟁도 일어나지 않았고, 미국을 중심으로 경제가 빠르게 발전했어. 세계는 평화와 번영의 길로 들어선 듯 보였지.

그런데 1929년에 미국에서 시작된 대공황이 전 세계를 휩쓸었어. 많은 나라가 안으로 자본주의 문제점을 고치고, 밖으로 보호주의를 펴면서 대공황에서 벗어나려 안간힘을 썼어. 그런 와중에 몇몇 나라에서 파시즘이 등장했어. 파시즘은 안으로는 전체주의를, 밖으로는 팽창주의를 내세웠지.

결국 파시즘 국가들의 침략으로 인류는 역사상 가장 끔찍한 전쟁에 휩싸였어. 전 세계가 엄청난 피를 흘리며 싸운 끝에, 가까스로 파시즘을 막아냈지. 하지만 미국과 소련의 냉전 체제로 세계는 또다시 전쟁의 위협에 놓였어.

이런 와중에도 세계 여러 나라의 사람들은 새로운 희망 속에 새로운 사회와 국가를 만들어 가기 시작했어.

그럼, 대공황과 전쟁이 몰고 온 암흑과 폐허의 세계에서 사람들이 어떻게 일어섰는지 함께 살펴보자.

세계를 휩쓴 대공황과 파시즘

1929년 미국에서 대공황이 일어나, 미국과 유럽을 비롯해 전 세계를 휩쓸었어. 수많은 사람이 일자리를 잃고 거리를 떠돌아야 했지. 나라마다 대공황에서 벗어나려는 정책을 펼쳤어. 그런데 독일, 이탈리아, 일본 같은 나라에서는 경제적 어려움을 이용해 파시즘이 권력을 잡았지. 그리고 전쟁을 통해 대공황의 어려움을 벗어나려고 하면서 전쟁 분위기가 높아졌어. 그럼 대공황이 왜 일어났고, 대공황이 어떻게 파시즘의 등장과 전쟁으로 이어지는지 알아보자꾸나.

| 자유방임주의와 계획 경제가 경쟁하다 |

제1차 세계 대전을 거쳐 1920년대로 접어들자, 세계 경제는 안정 속에서 발전을 거듭했어. 세계 여러 나라에서 공장이 들어서고, 새로운 기계가 사용되면서 생산은 더욱 늘어났지. 또한 인구도 크게 늘었어. 특히 1920년대 미국의 경제 발전은 눈부셨지.

미국은 전쟁 동안 거의 피해를 입지 않았고, 유럽 국가들에 무기와 물자를 팔며 유럽 대신 세계의 공장으로 올라섰어. 1920년대에 미국은 세계 공업 제품의 약 20퍼센트를 생산하고 있었지. 미국의 대도시에는 하늘을 찌를 듯한 마천루가 계속해서 들어섰고, 백화점과 가게에는 온갖 상품이 산더미처럼 쌓여 있었고, 자동차가 거리를 누비고 있었어.

미국의 경제가 이렇게 번영한 것은 자유방임주의 덕분이었어. 자유방임주의는 정부가 시장에 간섭하지 않고 시장이 스스로 굴러가도록 내버려 두는 것을 말해.

미국 정부는 기업이 마음껏 경제 활동을 할 수 있게 내버려 두었어. 또한 기업 활동을 돕고 세금도 깎아 주었지. 정부의 적극적인 지원을 받으며 기업들은 서로 경쟁하며 공장을 키우고, 기계를 늘여 상품을 쏟아냈어. 그러면서 돈을 쓸어 담을 정도로 떼돈을 벌었지. 하지만 미국 정부는 노동자들이 임금을 올려 달라고 파업을 하면, 경찰을 보내 탄압했어. 파업이 시장의 자유와 기업의 자유로운 경제 활동을 해친다는 이유였지. 결국 경제 성장의 열매는 대부분 소수의 자본가에게 돌아갔고, 대다수 노동자의 임금은 늘 제자리걸음이었어.

미국은 또한 세계의 은행 노릇까지 떠맡으며, 전쟁으로 폐허가 된 유럽 나라에 많은 돈까지 빌려 주었어. 미국의 도움으로 유럽 나라들은 전쟁의 상처에서 빠르게 벗어났지.

그런가 하면 아시아에서는 일본이 전쟁 중에 크

1920년경 미국의 상품 홍보 포스터로, 다양한 상품을 소개하고 있다.

20세기 초, 뉴욕 브로드웨이의 고층 빌딩 풍경을 담은 우편엽서이다. 제차 세계 대전 이후 미국이 눈부신 경제 성장을 이루면서, 뉴욕은 고층 건물이 숲을 이루었다.

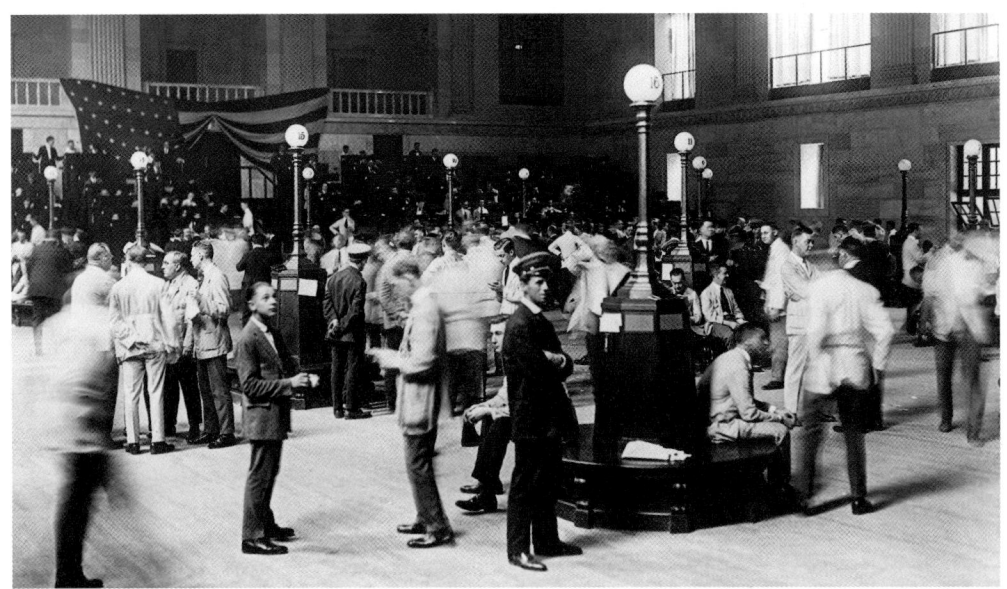

1920년대 미국 뉴욕의 증권 거래소 내부 모습이다. 1920년대에 미국 기업의 주식 값은 하늘 높은 줄 모르고 치솟았다.

게 늘어난 수출과 식민지 약탈로 최고의 경제 번영을 누렸어. 일본의 도시 곳곳에 큰 공장이 들어섰고, 일본 자본주의는 크게 발전했지.

중국은 물론 인도나 조선 같은 식민지에도 많은 공장이 들어섰어. 남아메리카의 아르헨티나, 브라질 같은 나라는 커피, 사탕수수 같은 농산물과 함께 광물 수출이 늘었어. 또한 축산과 가공 공업이 발전했지.

이렇게 1920년대에 미국을 중심으로 자본주의 나라가 번영을 누리자, 소련의 스탈린은 초조해졌어. 사회주의 나라인 소련이 자본주의 나라와의 경쟁에서 뒤처지는 것 같았기 때문이지. 스탈린은 자본주의 나라를 따라잡을 특별한 대책이 필요하다고 생각했어. 결국 1928년에 신경제 정책을 버리고, 과감하게 사회주의 계획 경제 정책을 펴기로 했지.

스탈린은 우선 농업을 집단화했어. 국가는 농민의 토지를 강제로 거두어들여, 집단 농장이나 국영 농장으로 만들었지. 이제 농민들은 농장에서 함께 일한 후, 정부로부터 농사지은 것을 나누어 받았어. 중공업을 중심으로 공업화도 빠르게 진행시켰지. 모든 공장을 국가가 소유하고, 정부가 어느 공장에서 어떤 물건을 얼마나 생산할지, 미리 계획을 짜서 내려보냈어. 그리고 이렇게 생산한 물건을 어디에 얼마나 나누어 줄지도 정부가 정했지.

사회주의 계획 경제 체제의 성과는 놀라웠어. 처음에 소련은 농업 중심의 후진국이었어. 그런데 불과 10년 만에 세계에서 세 번째 공업국으로 올라섰지.

그 밖에도 사회주의 정책으로 사람들의 생활이 많이 나아졌어. 아픈 사람은 국가에서 운영하는 병원에서 공짜로 치료를 받았고, 누구나 공짜로 학교에 다닐 수 있었지. 또 급속한 공업화를 펼치는 중에도, 노동자들은 하루 8시간만 일했어.

하지만 문제도 많았어. 항공기, 철도, 트랙터, 전차는 대량으로 생산되었지만, 정작 사람들에게 필요한 식량이며 옷이며 집이 늘 부족했지. 경공업보다는 무기나 기계를 만드는 데 필요한 중공업을 발전시켰기 때문이야. 또 농민들도 함께 모여서 일하다 보니, 굳이 열심히 일하려고 하지 않았어.

게다가 정치적으로도 자유를 누리지 못했어. 스탈린은 자신을 반대하는 사람들을 반혁명 세력으로 몰아 철저하게 탄압했어. 비밀 경찰을 동원해 사람들을 감시하고, 어떠한 비판도 허용하지 않았지. 스탈린은 사회주의 사회를 튼튼하게 뿌리내리려면 어쩔 수 없다고 생각했어.

대공황으로 수정 자본주의와 보호주의가 등장하다

1932년 말, 소련에서는 경제가 빠르게 발전하고 있었어. 그런데 얼마 전까지만 해도 최고의 번영을 누리던 미국에서는 경제가 곤두박질치고 있었지. 은행 대부분이 문을 닫았고, 산업 생산은 1929년의 거의 반으로 떨어졌어. 1,300만 명이 넘는

수정 자본주의*
대공황 시기 영국의 경제학자인 케인스가 처음 주장했다. 케인스는 공황과 실업을 해결하기 위해서는 정부의 적극적인 개입이 필요하다고 주장했다. 그의 주장은 '케인스 혁명'이라 불릴 정도의 커다란 반향을 불러일으켰다.

사람이 일자리를 잃고 길거리를 헤매야 했지. 그런데 미국에서 도대체 왜 이런 일이 일어났을까?

그 비밀은 바로 미국에 경제적 번영을 안겨 준 자유방임주의 정책에 숨어 있어. 1920년대에 미국 정부는 자유방임주의를 내세우며, 생산과 소비를 모두 시장에 맡겼지. 기업은 서로 더 많은 제품을 생산하기 위해 경쟁적으로 기계를 늘렸어. 이때 필요한 돈은 주식을 팔아서 마련했지.

사람들 역시 기업이 돈을 쓸어 담는 모습을 보고 너도나도 주식을 샀어. 어떤 사람들은 은행에서 돈을 빌려 주식을 사기도 했지. 많은 사람이 주식 시장에 뛰어들자, 주식 값은 치솟았어. 사람들은 모두 장밋빛 꿈에 부풀어 있었지.

그런데 언제부턴가 생산한 제품이 팔리지 않고, 산더미처럼 쌓이기 시작했어. 왜냐고? 돈이 모두 소수의 기업과 부자에게 몰렸기 때문이야. 5퍼센트의 부자가 나라 전체의 부 가운데 30퍼센트 가량을 독차지하고 있었지. 반대로 인구의 다수를 이루는 노동자들의 임금은 별로 늘지 않았어. 결국 기업은 제품을 엄청나게 많이 생산했는데, 돈이 없는 사람들은 그 제품을 다 소비할 수가 없었지. 생산과 소비에 불균형이 생긴 거야.

생산한 물건이 팔리지 않자, 기업들은 형편이 어려워졌어. 결국 생산량을 줄이고 노동자를 쫓아내기 시작했지. 기업이 어려워지자, 주식을 산 사람들도 불안해지기 시작했어. 하나둘 주식을 파는 사람이 늘어났지. 그러다 1929년 10월 24일 목요일, 미국의 뉴욕 주식 시장에서 주식 값이 사상 최대로 폭락했어. 값이 더 떨어지기 전에 주식을 팔아 치우려고 사람들이 한꺼번에 주식을 내놓는 바람에 생긴 일이었지.

이날 이후, 미국은 서서히 대공황의 암흑 속으로 빨려 들어갔어. 주식을 샀던 사람들은 빈털터리가 되었고, 은행에서 돈을 빌린 사람들은 갚을 길이 없어졌지. 그러자 많은 사람이 두려움에 휩싸여 은행에서 돈을 빼 가기 시작했어. 은행에서 돈이 빠져나가자 기업은 돈줄이 막혔지.

미국에서 시작된 대공황은 전 세계로 퍼져 나갔어. 미국이 유럽에서 돈을 빼자, 유럽의 은행과 공장도 무너졌지. 또 미국과 유럽의 공장이 멈추자, 식민지와 남아메리카의 공업 원료와 농산물 값도 바닥으로 떨어졌어. 이 무렵 대공황의 영향을 받지 않은 나라는 소련뿐이었지.

그런데도 공화당이 이끄는 미국 정부는 3년 동안이나 자유방임주의를 고집했어. 시간이 지나면 시장이 생산과 소비의 불균형을 바로잡을 거라고 생각했던 거야. 하지만 정부의 기대와 달리, 대공황은 오히려 점점 깊어졌어. 사람들의 생활은 더욱 어려워졌고, 자본주의에 반감을 가진 사람들이 점점 늘어났어.

대공황이 최악을 향해 치닫고 있던 1932년 말, 대통령 선거가 열렸어.

"시장에 모든 것을 맡겨 두어서는 대공황에서 벗어날 수 없습니다. 저를 대통령으로 뽑아 주십시오. 뉴딜 정책으로 이 대공황을 반드시 끝장내겠습니다."

민주당 후보 프랭클린 루스벨트가 목소리를 높였어. 많은 사람이 루스벨트의 손을 들어주었지.

1933년 봄, 루스벨트는 '뉴딜' 정책을 펼쳐 나갔어. 뉴딜이란 포커 게임에서 카드를 새로 친다는 뜻이야. 한마디로 자유방임주의를 버리고, 정부가 경제에 적극 개입해서 공황을 극복하자는 정책이었어. 이런 정책을 수정 자본주의*라고 해. 자본주의를 지키기 위해, 자본주의의 문제점을 고쳐 나간다는 뜻이야.

정부가 경제에 개입한다는 생각은 소련의 사회주의 계획 경제에 자극받은 것이기도 해. 소련에서는 어디서 무엇을 얼마나 생산하고, 어떻게 분배할지를 모두 정

대공황과 뉴딜 정책

1. 1936년 미국의 한 여성이 식량 배급을 기다리고 있다.
2. 1930년 노숙자와 실업자들이 뉴욕의 보호 시설 앞에 길게 줄지어 있다.
3. 1937년 8월 21일, 노동자 집회에서 어린이들이 '우리 아빠에게 왜 일자리를 주지 않나요?'라고 적힌 피켓을 들고 있다.
4. 루스벨트의 뉴딜 정책을 알리는 1936년의 소책자이다. 공화당의 정책과 뉴딜 정책의 결과를 비교하고 있다.
5. 1935년, 미국 정부는 일자리를 잃은 사람들을 대상으로 도로 보수 공사 같은 일거리를 제공했다.
6. 1934년 무렵 테네시 계곡의 노리스 댐 건설 공사 현장이다. 미국 정부는 대규모 건설 공사를 통해 많은 사람에게 일자리를 제공했다.
7. 뉴딜 정책을 실시한 미국 루스벨트 대통령이다.

부가 결정했어. 생산과 소비의 불균형이 생길 리가 없었지.

　미국 정부는 우선 급한 대로 실업자에게 구호 사업을 폈어. 그리고 댐 건설 같은 대규모 공공사업을 통해 새로운 일자리를 만들어 냈지. 기업에게도 지나친 경쟁을 피하고 협력하게 해서, 생산을 줄이고 상품 가격을 끌어올렸어. 이와 함께 노동자에게 노동조합의 권리를 보장해 주고, 노동자와 빈민, 흑인에게 사회 보장 제도를 펼쳤어. 그래야 노동자의 임금이 오르고, 소비도 늘어날 거라고 생각한 거야.

　뉴딜 정책에 힘입어, 미국 경제는 대공황의 늪에서 서서히 벗어나기 시작했어. 사람들의 소비가 늘면서 공장이 다시 움직였지. 그러자 일자리가 늘어났고, 미국 경제는 살아나기 시작했어.

　한편, 미국을 비롯한 많은 나라가 다른 나라와의 경쟁에서 국내 산업을 보호하기 시작했어. 관세를 높여 다른 나라 상품이 들어오지 못하게 한 거야. 특히 영국이나 프랑스 등은 블록 경제를 만들었어. 자기 나라와 식민지를 하나의 블록으로 묶고, 다른 나라 물건은 들어오지 못하게 했지. 그리고 자기 나라의 물건을 식민지에 내다 팔았어. 블록 경제 때문에 세계 무역은 더욱 줄어들었고, 식민지가 얼마 없는 나라들은 더욱 힘들어졌어.

| 파시즘이 세력을 키우다 |

　미국에서 대통령 선거가 열리던 해인 1932년, 독일에서도 의회 선거가 열렸어. 대공황이 독일을 휩쓸기 시작하던 때였지.

독일 사람들은 그동안 전쟁의 책임을 몽땅 뒤집어쓰고, 엄청난 배상금까지 물면서 힘든 삶을 살아왔어. 그러던 차에 대공황까지 독일을 덮치자, 독일 사람들의 생활은 더욱 힘들어졌어. 식민지가 없어서 어려움은 더욱 컸지. 많은 사람이 독일 민족과 자신의 불행을 해결해 줄 강력한 지도자를 기다렸어.

바로 이때 히틀러가 목소리를 높였어. 히틀러는 자신이 모든 문제를 해결하겠다고 주장했어.

"나치 당이 독일 민족을 괴롭히는 베르사유 조약과 전쟁 배상금을 없애 버리겠습니다."

"대공황으로 실업자가 된 사람들에게 일자리를 마련해 주겠습니다."

독일 사람들은 히틀러를 열렬히 환영했어. 그리고 히틀러가 모든 문제를 해결해 줄 거라고 믿었지. 마침내 1932년 선거에서 히틀러가 이끄는 나치 당이 제1당이 되었어. 그리고 1933년에 히틀러가 수상이 되었지. 그 뒤 히틀러는 의회를 없애

왼쪽은 1936년 독일 뉘른베르크에서 열린 나치 당 집회에서 히틀러의 연설을 듣고 있는 군인들의 모습이다. 나치 당은 똑같은 제복을 입은 수십 만의 군중이 모이는 대규모 행사를 자주 열어, 히틀러에 대한 충성심을 높였다. 오른쪽은 군중들에게 경례를 하고 있는 히틀러의 모습이다. 오른손을 45도 위로 치켜드는 이 동작은 '나치식 경례'로 유명하다.

히틀러가 독일을 지배하는 동안 독일 사람들은 히틀러와 나치 당에 대해 어떤 비판도 할 수 없었고, 오로지 하나의 목소리로 히틀러를 찬양해야 했다.

고, 나치 당을 뺀 나머지 정당을 모두 해산해 버렸어. 얼마 후 대통령이 죽자, 자신이 총통이 되어 모든 권력을 손에 쥐었지.

그런 다음 히틀러는 국가의 영광과 독일 민족의 위대함을 내세우며, 전체주의 사회를 만들어 갔어. 개인의 자유를 억누르고, 유대 사람을 박해하고, 사회주의자나 장애인도 탄압했지. 이와 함께 히틀러는 고속 도로를 만들고 군수 공장을 세워 무기를 만들며 전쟁을 준비했어. 독일 민족이 대공황의 어려움을 벗어나려면, 독일 민족이 살 땅을 더 확보해야 한다고 생각했지.

그럼, 이런 히틀러와 나치 당에 대해 독일 사람들은 어떤 반응을 보였을까? 물론 목숨을 걸고 히틀러와 나치 당에 맞서 싸운 사람들도 있어. 하지만 대부분은 히틀러를 지지했지. 그럴 만도 했어. 히틀러가 권력을 잡았을 때, 독일의 실업자는 무려 600만 명이었어. 그런데 히틀러가 고속 도로와 군수 공장을 세우자, 경제가 살아나고 실업이 사라졌지. 독일 사람들은 유대 사람 박해나 전쟁 준비에는 아랑곳하지 않고, 히틀러에게 환호를 보냈어.

한편 히틀러가 나치즘을 내세우며 권력을 잡기 훨씬 전에, 이탈리아에서는 무솔리니가 파시즘을 내세우며 권력을 잡았어. 나치즘이 인종주의를 내세운 것이 다를 뿐, 사실 히틀러의 나치즘도 무솔리니의 파시즘을 흉내 낸 거야. 대공황이 나자, 무솔리니도 에티오피아를 점령하며 바깥으로 팽창해 갔어. 파시즘은 오스트리아, 헝가리, 폴란드, 루마니아, 불가리아, 그리스 같은 나라로도 퍼져 나갔지.

한편 파시즘이 세력을 넓히자, 각 나라에서는 파시즘에 반대하는 사람이 늘어났어. 이에 따라 1936년에는 프랑스에 이어 에스파냐에서도 인민 전선 정부가 들어섰어. 에스파냐의 인민 전선 정부는 토지 개혁을 비롯하여 여러 개혁을 추진했어. 지주와 자본가가 크게 반발했지. 결국 파시스트인 프랑코 장군이 쿠데타를 일으켰어. 이후 에스파냐 내전이 시작되었지.

그러자 독일의 히틀러와 이탈리아의 무솔리니가 군대를 보내 프랑코의 반란군을 도왔어. 이에 맞서 세계 여러 나라의 지식인과 젊은이들이 인민 전선 정부를 지키기 위해 무기를 들고 달려왔어. 소련도 인민 전선 정부를 도왔지.

하지만 1939년 초 프랑코가 인민 전선 세력을 진압하고 정권을 잡고 말았지. 독일과 이탈리아는 에스파냐 내전으로 한결 가까워졌고, 무기와 군대를 늘리며 전쟁 준비를 서둘렀어.

대공황은 일본도 휩쓸었어. 일본은 원료를 대부분 외국에서 사들여 물건을 만든 다음, 다시 다른 나라에 되팔았어. 그런데 블록 경제로 관세가 높아지자, 원료 수입과 상품 수출에 큰 어려움을 겪었지. 실업자가 늘어나고 농산물 값이 떨어졌어.

그런데도 정부는 대기업 편만 들면서 별다른 대책을 내놓지 못했지. 도시 노동자와 농민의 불만이 높아졌어. 그러자 이들의 불만을 등에 업고 군부가 목소리를 높였어. 대공황의 어려움을 벗어나려면 만주와 중국으로 진출해야 한다면서 말이야.

결국 군부가 권력을 잡고 군국주의 정책을 펴 나갔어. 군국주의는 안으로는 군부가 모든 사회를 군대처럼 만들어 지배하고, 밖으로는 군대를 앞세워 다른 나라를 침략하는 것을 말해.

1931년, 일본은 만주 사변을 일으켜 이듬해 만주국을 세우고 1937년에는 중국을 침략했어. 중·일 전쟁이 시작된 거야.

클릭! 역사 속으로
고통 받는 노동자와 함께한 시몬 베유

대공황이 프랑스를 휩쓸던 1934년, 파리의 한 공장에 노동자 한 명이 새로 들어왔어. 하얀 얼굴에 곱상하고 자그만 손을 한 여자였지. 이 여자는 푸른색 블라우스를 입고 기름에 쩐 앞치마를 두른 채, 동력 인쇄기를 돌리는 일을 시작했어. 날마다 하는 노동은 무척 힘겨워 보였지.

같은 공장의 노동자들은 그 여자를 쳐다보면서 이야기하곤 했어.

"저 여자는 노동자처럼 보이지 않아."

"공부깨나 하다가 집안이 가난해서 돈벌려고 온 거겠지."

"그나저나 아주 열심히 일하던걸. 하루 작업량은 꼭 채우려고 해."

이 여자의 이름은 시몬 베유로, 공장에 들어오기 전에 학교에서 일했어. 학생을 가르치던 교수였지.

시몬 베유는 학생들을 가르치면서도 늘 가난한 사람들 편이었어. 그래서 학교 식당에 부랑자들을 데려와 밥을 먹이기도 했지. 스스로도 언제나 가난한 사람처럼 살았어. 적게 먹고 겨울에는 불도 때지 않았어.

시몬 베유는 가난하고 힘든 노동자 편에 서기로 마음먹었어. 노동자가 되어 노동자를 위해 싸우기로 했지. 그래서 공장에 들어간 거야. 그러나 공장 일은 만만치 않았어. 약한 몸으로 하루 작업량을 채우기도 버거웠지.

공장에서 1년 정도 일하자, 시몬 베유는 병을 얻었어. 몸도 아팠지만, 자신이 노예 같다는 생각에 마음이 아팠지. 사실 노동자의 삶은 정말 노예와 같았고, 기계 부품처럼 살아가야 했어. 그 생활에서 벗어날 수 없다는 게 더욱 마음 아팠지. 자본주의는 노동자의 피땀으로 돌아가는 거대한 기계였어. 하지만 시몬 베유 혼자의 힘으로는 어쩔 수 없었지.

하지만 뒷날 사람들은 자신이 온몸을 바쳐, 노동자의 생활을 고발한 그녀를 오랫동안 기억했어. 시몬 베유의 열정을 말이야.

인류 역사상 가장 참혹한 전쟁

독일, 이탈리아, 일본 같은 파시즘 국가는 대공황에서 벗어나기 위해, 결국 전쟁을 일으켰어. 제2차 세계 대전이 터진 거야. 제1차 세계 대전이 끝난 지 20여 년 만이었지. 제2차 세계 대전은 말 그대로 '세계 전쟁'이었어. 파시즘이 전 세계를 정복하려고 하자, 전 세계 사람들이 민주주의와 평화를 지키기 위해 파시즘 국가에 맞서 싸웠어. 파시즘이 일으킨 전쟁이 어떤 비극을 불러왔는지, 사람들은 파시즘에 맞서 어떻게 싸워 나갔는지 함께 살펴보자꾸나.

파시즘이 세계 전쟁을 일으키다

"독일 민족은 세계에서 가장 뛰어난 민족이야. 그런데 이런 민족에게 살아갈 땅이 부족하다는 것은 말도 안 돼."

히틀러는 이런 생각을 하며 무기를 만들고 군대를 키웠어. 영국과 프랑스가 베르사유 조약을 어기는 일이라며 항의했지. 하지만 두 나라의 항의는 그저 말뿐이었어.

"흠, 영국과 프랑스도 별 거 아니군. 그나저나 모든 일에는 순서가 있는 법. 우선 여러 나라로 흩어져 있는 독일 민족을 하나로 뭉쳐야겠어."

1938년, 히틀러는 같은 민족인 오스트리아를 독일에 합쳤어. 그리고 이듬해 체코를 송두리째 집어삼켰지. 에스파냐 내전 때도 그랬듯이, 영국과 프랑스는 파시즘의 팽창을 바라보고만 있었어. 왜 그랬을까? 그것은 제1차 세계 대전 이후에 식민지 민족 운동의 힘이 커졌기 때문이야.

영국과 프랑스 정부는 독일을 잘못 건드려서, 다시 전쟁이 일어나면 안 된다고 생각했어. 식민지 민족 운동을 억누르는 일이 다급해졌거든. 또 독일이 힘을 키우면, 사회주의 나라인 소련을 막아 줄 방패막이가 될 거라는 생각도 했지. 영국과 프랑스는 식민지를 지키고 사회주의를 막는 일만 걱정했지, 파시즘이 얼마나 끔찍하고 무서운 세력인지 미처 몰랐던 거야.

자신감을 얻은 히틀러는 폴란드까지 집어삼키기로 결심했어. 영국과 프랑스가 가만 있지 않을 거라는 건 불 보듯 뻔했지. 히틀러는 폴란드 공격을 앞두고, 소련과 상호 불가침 조약을 맺었어. 두 나라가 서로 공격하지 않겠다는 약속이었지. 혹시라도 소련이 뒤에서 공격할지도 모르니까 말이야. 히틀러는 영국과 프랑스를 먼저 이긴 다음, 소련을 칠 생각이었지.

독일은 이렇게 만반의 준비를 해 놓고, 1939년 9월 폴란드를 공격했어. 영국과 프랑스도 이번에는 물러설 수 없었지. 이틀 뒤 두 나라가 독일에 선전 포고를 했고, 결국 제2차 세계 대전이 시작되었어.

1938년 3월 오스트리아를 병합한 히틀러가 군중의 환영을 받으며, 오스트리아의 수도 빈에 도착하는 모습이다.

독일은 유럽 최강의 공군과 기계화 부대를 앞세워, 폴란드를 2주일 만에 손에 넣었어. 1940년에는 덴마크, 노르웨이, 벨기에, 네덜란드를 차례로 점령하고, 프랑스도 절반 이상을 차지했지. 그리고 프랑스 나머지 지역에도 파시즘을 지지하는 정부가 들어섰어.

이제 유럽에서 독일에 맞서는 나라는 영국 하나뿐이었어. 그해 가을, 독일은 전투기와 폭격기로 매일같이 런던을 폭격했어. 영국은 해군이 강했기 때문에, 바다에서 싸우는 건 독일에게 불리했거든. 하지만 영국은 처칠 수상을 중심으로 똘똘 뭉쳐 거세게 저항했어. 영국과의 전쟁이 길어지자, 독일은 발칸 반도를 점령하고 아프리카로 쳐들어갔지.

독일은 영국을 제외한 유럽을 거의 손에 넣었어. 그러자 1941년 여름, 독일은 동쪽으로 방향을 바꾸었어. 불가침 조약을 깨고 소련을 공격한 거야. 독일은 순식간에 모스크바까지 밀어붙였고, 소련은 엄청난 피해를 입었어.

한편 미국은 독일이 유럽을 거침없이 집어삼키고 있는 동안에도 전쟁에 참여하지 않았어. 영국과 소련에 무기와 물자를 대주면서 '민주주의의 병기고' 역할만을 했지.

한편 유럽에서 전쟁이 터졌을 때, 일본은 이미 2년 동안 중국과 전쟁을 벌이고 있었어. 일본의 생각과 달리 중국과의 전쟁은 자꾸만 길어졌지. 장제스의 국민당 정부와 마오쩌둥의 공산당이 손을 잡고, 거세게 저항했기 때문이야. 여기에 미국이 일본에 전쟁 물자 수출을 중단하면서, 중국을 거들었어.

일본은 전쟁에 필요한 석유, 철, 고무 같은 자원을 얻지 못해 크게 당황했지. 일본은 자원이 풍부한 동남아시아와 태평양으로 눈을 돌리기 시작했어. 당시 동남아시아 지역은 미국, 영국, 프랑스, 네덜란드의 식민지였지.

그러던 중 유럽에서 전쟁이 터지고, 독일이 거의 모든 유럽을 점령했어. 그러자 일본은 서둘러 독일, 이탈리아와 군사 동맹을 맺고 동남아시아의 여러 나라를 점령했어. 그러자 미국은 일본과 무역을 완전히 끊어 버렸어.

일본은 전쟁 물자 구하기가 더욱 힘들어졌고, 미국과 싸울 수밖에 없다고 생각했지. 1941년 12월, 일본은 태평양의 미국 해군 기지인 진주만을 공격했어. 미국은 바로 일본에 선전 포고를 했고, 독일과 이탈리아도 미국에 선전 포고를 했지. 이제 전쟁은 태평양으로 확대되었어. 전쟁은 이제 말 그대로 세계 전쟁이 되었지.

1942년 봄, 파시즘 세력은 절정에 이르렀어. 독일과 이탈리아는 유럽의 거의 모두와 북아프리카를 지배했고, 소련을 공격하고 있었지. 일본은 조선, 만주, 중국 본토 일부, 동남아시아, 태평양 지역을 손아귀에 넣었어. 파시즘이 곧 세계를 지배할 듯 보였어.

| 대량 학살이 펼쳐지다 |

사람들은 제1차 세계 대전이 일어났을 때, 그 전쟁을 '큰 전쟁'이라고 불렀어. 그때까지 그렇게 크고 끔찍한 전쟁은 없었거든. 그리고 그보다 더 크고 끔찍한 전쟁이 일어나리라고는 상상도 못했지. 하지만 그로부터 겨우 20년 후, 더 크고 끔찍한 전쟁이 벌어졌어. 바로 제2차 세계 대전이었지. 이 전쟁이 일어나고 나서야, 제1차 세계 대전이라는 이름이 생겨났어.

그럼, 제2차 세계 대전은 얼마나 더 크고 끔찍했을까? 제1차 세계 대전은 주로 유럽 나라끼리 유럽과 유럽 주변에서 싸웠어. 하지만 제2차 세계 대전은 세계의 거

제2차 세계 대전의 참상

1. 일본의 전투기 '제로 파이터'이다. 제2차 세계 대전 당시 뛰어난 성능으로 연합군을 괴롭히던 비행기이다.
2. 1941년 12월 7일, 진주만에 있던 미국 군함들이 일본의 공격으로 침몰하고 있다.
3. 1945년 4월, 미군 한 명이 오키나와 전투에서 부상을 당한 전우를 부축하고 있다.
4. 1945년 폐허가 된 독일 뮌헨에서 어린 여자아이가 땔감을 나르고 있다.
5. 1945년 연합군의 대규모 폭격으로 폐허가 된 독일 뮌헨의 모습이다.
6. 1944년 6월 6일, 미군이 노르망디 상륙 작전을 펼치고 있다.
7. 1945년 8월 9일, 미군이 일본 나가사키에 떨어뜨린 원자 폭탄의 버섯구름이다.

원자 폭탄*
원자핵이 분열할 때 생기는 에너지를 이용한 폭탄이다. 주로 우라늄과 플루토늄을 원료로 쓰는데, 우라늄 1킬로그램이 폭발하여 방출하는 에너지가 티엔티 2만 톤과 맞먹는다. 최초의 원자 폭탄은 제2차 세계 대전 때 미국에서 만들었다.

마루타*
제2차 세계 대전 때 일본의 세균전 부대가 생체 실험을 했던 사람들을 일컫는다. 일본은 1936년에서 1945년 여름까지 전쟁 포로나 전쟁 범죄로 붙잡힌 일반인들 3,000여 명을 대상으로, 각종 세균 실험과 약물 실험 등을 자행했다.

의 모든 나라가 참여했고, 거의 모든 지역이 전쟁터로 변했지.

독일, 이탈리아, 일본을 비롯해 8개 나라가 파시즘을 내세우며 손을 잡았어. 그리고 미국, 영국, 프랑스, 소련, 중국을 비롯해 49개 나라가 파시즘에 반대하는 연합국이 되었지. 중립을 지킨 나라는 여섯 나라뿐이었어. 그리고 유럽 대륙 전역뿐만 아니라 북아프리카, 중국과 동남아시아, 태평양의 섬들까지 전 세계의 땅과 바다, 하늘이 전쟁터로 변했지.

또한 훨씬 많은 사람을 빠르게 죽일 수 있는 무기도 등장했어. 제1차 세계 대전 중간에 등장한 비행기, 탱크, 잠수함 등이 전쟁 처음부터 사용되었지. 더 빠르고 더 멀리 나는 비행기, 비행기를 실어 나르는 항공모함, 포탄을 맞아도 깨지지 않는 단단한 배 등이 개발되었어. 전쟁 막바지에는 원자 폭탄*까지 등장했어. 인류를 멸종시킬 수 있는 무시무시한 무기였지.

하지만 더 끔찍하고 무시무시한 일은 무기 자체가 아니었어. 일반 사람을 대량 학살하는 데 이 무기를 사용했다는 거야. 그 전까지 전쟁은 군인끼리 하는 거였어. 물론 제1차 세계 대전 때도 일반 사람들이 수없이 많이 죽긴 했어. 그중에는 폭격이나 대량 학살로 죽은 사람도 있었지만, 대부분 굶주림과 추위, 질병 때문에 목숨을 잃었지. 그런데 제2차 세계 대전 때는 양편 모두에서 전쟁과 상관없는 사람들을 무자비하게 죽였어.

"유대 사람을 다 쓸어버리겠습니다."

히틀러는 유대 사람들이 독일 민족의 피를 더럽힌다고 생각했어. 그래서 전쟁이 시작되기 전에 이런 약속을 독일 국민들에게 했지. 그런데 히틀러의 이 말은 빈말이 아니었어. 전쟁이 일어나자, 히틀러는 모든 유대 사람을 아우슈비츠를 비롯한 집단 수용소로 옮겼어. 그러고는 젊고 일할 능력이 있는 사람만 남겨 놓고, 나머지는 모두 독가스실로 보냈지. 남은 사람도 일을 하다 몸이 약해지면, 골라내서 죽였어. 가스실에서 나온 시체는 가까운 화장터에서 태웠지.

이런 식으로 유대 사람 600만 명이 죽었어. 독일의 지배를 받던 유대 사람 가운데 70퍼센트가 목숨을 잃었지. 나치 당의 의사들은 유대 사람을 산 채로 의학 실험 대상으로 삼기도 했어. 그들은 인간이 얼마만큼 고통을 견딜 수 있나 알아보려고 마취제 없이 수술하거나, 추위에 얼마나 견딜 수 있는지 실험하기도 했지. 그뿐만이 아니야. 히틀러는 슬라브 족과 집시, 독일 사람 가운데 정신 이상자, 신체장애자도 죽이라고 명령했어.

일본도 끔찍하기는 마찬가지였어. 1937년, 일본군은 난징으로 쳐들어갔을 때 30만 명이 넘는 중국 사람을 죽였어. 일본군이 죽인 사람은 군인이 아니라 포로와 일반 시민이었지. 죽이는 방법도 끔찍했어. 남자는 물론 여자와 어린아이까지 무차별 사격을 했고, 생매장을 하고, 휘발유를 뿌려 불태워 죽였어.

또 일본 정부는 조선 사람 150만 명을 강제로 끌어다가, 광산과 토목 공사, 군수 공장에서 노예처럼 부려먹었어. 공사가 끝난 다음에는 군사 기밀을 유지한다며, 일꾼들을 집단 학살하기까지 했지. 심지어 일본 관동군 특수 부대에서는 마루타*를 대상으로, 세균 등에 대한 잔인한 인체 실험을 했어. 규슈 대학교에서는 살아 있는 사람을 해부한 일도 있었지. 그뿐만이 아니야. 일본 정부는 열두 살에서 스무 살까지의 조선인 처녀 수십만 명을 강제로 끌고 가서 군수 공장에서 일을 시켰어. 또 전쟁터에서 군대 위안부로 부려 먹기도 했지.

그런데 연합국 쪽에서도 일반인에 대한 대량 학살을 저질렀어. 전쟁 초기에 소련의 비밀경찰은 폴란드 군 장교, 지식인, 예술가, 노동자, 성직자 등 2만 명이 넘는 사람을 재판 없이 살해하고 암매장했지.

제2차 세계 대전은 세계를 황폐하게 만들고, 사람들이 진보와 이성에 대해 갖고 있던 믿음을 산산조각냈다.

전 세계가 반파시즘 투쟁에 나서다

파시즘이 무력으로 세계를 지배하려고 하자, 아시아와 유럽을 비롯해 세계 곳곳에서 파시즘에 맞서 민중의 저항이 펼쳐졌어. 이와 함께 그동안 계속 밀리던 연합국도 대대적인 반격에 나섰지.

중국에서는 국민당 정부와 공산당이 손을 잡고, 일본의 침략에 맞서 싸웠어. 일본이 만주를 침략하여 지배할 때만 해도, 국민당 정부와 공산당은 서로 대립하고 있었어. 국민당 정부는 일본의 침략에 맞서기보다는 공산당 토벌에 더 열을 올렸지. 먼저 공산당부터 토벌하고 일본과 싸울 생각이었어. 이 때문에 공산당 군대는 서쪽으로 대장정을 떠나야 했지.

하지만 일본이 중일 전쟁을 일으키자, 중국 민중들이 들고일어났어. 특히 상하이와 베이징 등에서는 시위, 파업, 대중 집회가 끊이지 않았지. 공산당 토벌을 중단하고 일본에 맞서 함께 싸우라는 거야. 결국 국민당과 공산당은 제2차 국공 합작으로 힘을 합쳐, 일본의 침략에 맞서기 시작했어. 그러자 일본은 동남아시아로 고개를 돌렸지.

조선 사람들도 중국 사람들과 손을 잡고 일본에 맞섰어. 대한민국 임시 정부는 중국 국민당의 지원을 받아, 광복군을 만들어 일본과 싸웠지. 또 만주나 중국에서 독립 운동을 펼치던 사회주의자들은 중국 공산당에 들어가 항일전에 나섰어.

베트남과 인도네시아를 비롯해 동남아시아 사람들도 일본에 저항하기 시작했어. 사실 처음에 동남아시아 사람들은 일본군을 환영했어. 일본이 동남아시아를 점령하면서 대동아 공영권을 내세웠거든. 그동안 동남아시아 민중들은 유럽의 제국주의 국가에 맞서 싸워 왔어. 그러던 중 일본군이 들어와 유럽의 제국주의 국가들을 몰아내자, 일본군의 점령 정책에 적극 협력했지.

하지만 동남아시아 사람들은 곧 일본이 또 다른 제국주의 국가에 불과하다는 것

티토*
제2차 세계 대전 때 유고슬라비아 공산당을 이끌었던 정치가이다. 독일의 침략에 맞서 저항 운동을 지휘하여 유고슬라비아를 해방시키고, 전후에는 독자적인 공산주의 노선을 추진했다.

을 알게 되었어. 그러자 일본에 맞서 거센 투쟁을 벌여 나갔지.

서유럽 각지에서도 레지스탕스 운동이 벌어졌어. 레지스탕스는 저항이라는 뜻이야. 프랑스가 독일의 수중에 떨어지자, 드골은 영국으로 건너가 '자유 프랑스'라는 망명 정부를 만들었어. 그리고 프랑스가 저항의 불길을 꺼뜨려서는 안 된다며, 레지스탕스 운동을 호소했지. 그러자 해외 식민지를 시작으로 프랑스 본토에서도 독일군의 감시를 피해 레지스탕스 운동이 펼쳐졌어. 노동 운동가, 지식인, 공산주의자가 핵심이었지.

그런가 하면 이탈리아와 독일 안에서도 파시즘에 반대하는 지하 활동이 일어났어. 북이탈리아에서는 공산당과 사회당을 중심으로 반파시즘 통일 전선을 만들고, 저항을 펴 나갔지.

동유럽과 발칸 반도의 여러 나라에서도 독일과 독일에 빌붙

오른쪽은 1944년 프랑스 레지스탕스의 저격수가 총을 겨누고 있는 모습이다. 왼쪽은 제2차 세계 대전 중 독일과의 전쟁에 참여한 유고슬라비아 파르티잔 여성들이다.

은 자본가, 지주에 맞서 저항 운동이 펼쳐졌어. 그중에서도 유고슬라비아와 알바니아의 저항 세력이 특히 강했지. 유고슬라비아에서는 티토*가 이끄는 공산당이 파르티잔을 조직해, 독일군을 몰아내고 있었어. 그리고 알바니아에서도 공산당을 비롯해 여러 파르티잔 부대가 이탈리아와 독일에 맞서 싸웠지.

이와 함께 1942년 여름부터 연합국은 반격을 펼쳐 나가기 시작했어. 아시아의 태평양 전선에서 미국은 미드웨이 해전을 승리로 장식한 후, 대반격을 시작했지. 중국에서도 1943~1944년에 중국 공산당 군대가 일본군을 몰아내기 시작했어.

1943년 1월, 유럽의 동부 전선에서도 소련이 큰 승리를 거두었지. 소련은 몇 개월에 걸친 스탈린그라드 전투에서 승리하면서, 독일군을 몰아내기 시작했어. 아프리카에서도 미국과 영국이 독일과 이탈리아 군대를 몰아냈어. 그러고는 유럽에서는 이탈리아에 상륙해, 이탈리아의 항복을 받아 냈지.

유럽의 서부 전선에서도 연합국의 반격이 펼쳐졌어. 1944년 6월, 오랜 준비 끝

오른쪽은 일본 제국주의에 맞서 전쟁에 참여했던 조선의 광복군이다. 왼쪽은 1943년의 그리스 레지스탕스 포스터이다. 그리스는 항복 요구를 거부하고 자유를 지키기 위해 끝까지 싸울 것이라는 내용을 담고 있다.

에 미국과 영국이 노르망디 상륙 작전을 펼친 거야. 이 작전으로 프랑스가 해방되었고, 계속해서 서유럽의 여러 나라가 해방되었지. 소련도 겨우 한숨을 돌리게 되었어. 그동안 유럽 대륙에서 혼자서 힘겹게 싸워야 했거든. 소련은 동유럽의 저항 세력과 협력해서, 독일군을 밀어붙이며 여러 나라를 차례로 해방시켰어.

이제 독일과 일본의 본토만을 남겨둔 채, 전쟁은 막바지에 이르렀어. 연합국 지도자들은 그간 전쟁을 끝낼 방법과 평화를 세울 원칙을 마련하느라, 여러 차례 머리를 맞댔지.

1945년 2월, 얄타에서 회의가 열렸어. 루스벨트, 처칠, 스탈린 세 지도자는 독일의 무조건 항복을 요구했지. 전쟁 후 해방되는 나라에 대해서도 합의를 했어. 모든 민주 세력이 참여한 가운데 임시 정부를 세운 다음, 되도록 빨리 자유선거를 통해 국민의 뜻에 따라 민주 정부를 세우기로 했지. 이와 함께 독일과의 전쟁이 끝나면, 소련도 일본과의 전쟁에 참여하기로 했어.

1945년 5월 1일, 마침내 소련이 탱크를 앞세워 베를린으로 들어갔어. 히틀러는 자살했고, 독일은 무조건 항복했지. 아시아에서도 전쟁은 끝이 보이기 시작했어. 미국은 일본에 대대적인 공격을 하면서, 무조건 항복을 요구했지. 일본이 이를 무시하자 8월 6일, 미국은 히로시마에 원자 폭탄을 떨어뜨렸어. 이에 발맞추어 소련도 일본에 전쟁을 선포했지. 1945년 8월 15일, 일본은 무조건 항복했어. 이로써 제2차 세계 대전은 끝이 났어.

전쟁으로 모두 5,000만 명이 넘는 사람들이 죽었고, 전 세계는 폐허가 되었지.

클릭! 역사 속으로
나치의 잔인한 만행을 일기로 고발한 안네 프랑크

"1943년 4월 27일 화요일

공습은 날마다 격렬해지고 있습니다. 하룻밤도 조용한 날이 없습니다. 잠이 부족한 탓에 눈가에 검은 기미가 생겼습니다. 식량 사정도 심각합니다. 아침 식사는 말라비틀어진 빵과 대용 커피, 저녁 식사는 시금치나 양상추뿐입니다. 이런 상태가 두 주일 동안이나 계속되고 있습니다. 감자는 길이가 20센티미터나 되지만, 썩은 맛이 납니다. 다이어트를 원하시는 분은 누구라도 은신처로 오세요!"

이 일기는 안네 프랑크라는 유대인 소녀가 쓴 거야. 안네 가족은 유대인을 잡아가는 독일 나치를 피해, 은신처에 숨어 살았어. 전쟁을 시작한 나치는 유대인에게 노란 별을 붙이게 하더니, 얼마 뒤에는 유대인이면 무조건 총을 쏘거나 수용소로 끌고 갔지. 그래서 유대인들은 다른 나라로 피하거나 이렇게 숨어 살 수밖에 없었어.

안네 가족은 아빠 공장 한쪽에 은신처를 만들고, 절대 밖으로 나가지 않았어. 공장 사람들에게 소리가 들릴까 봐, 화장실에서 물을 내릴 수도 없었지. 라디오를 들으며 하루하루 전쟁 소식을 듣고, 언제 밖에 나갈 수 있으려나 가슴을 졸이며 살았어.

열네 살의 꽃다운 소녀 안네는 학교도, 나들이도 갈 수 없었어. 그래서 일기를 쓰며 답답한 생활을 달랬지. 하지만 안네 가족의 힘겨운 발버둥은 2년 만에 비극으로 끝나고 말아. 누군가 은신처를 밀고하는 바람에 수용소로 끌려가야 했어.

안네를 비롯한 엄마와 언니는 죽고 아빠만 간신히 살아남았지. 아빠는 남아 있던 안네의 일기를 모아 책으로 냈어. 세계 사람들은 안네의 일기를 보며, 나치의 잔인함을 새삼 느꼈어. 그리고 죽음의 공포를 안고 말라빠진 음식을 씹으면서도, 쾌활함을 잃지 않은 아름다운 안네를 알게 되었지.

새로운 시험대에 선 유럽

대공황, 파시즘, 두 차례의 세계 전쟁을 거치면서 유럽 국가들의 힘은 크게 약해졌어. 거기다가 새로운 강대국으로 올라선 미국과 소련이 냉전을 펼치면서, 유럽은 둘로 갈라졌지. 이런 와중에도 유럽 사람들은 놀라운 변화를 만들어 냈어. 자신들의 문명을 반성하고 이를 바탕으로 새로운 유럽을 만들어 간 거야.

그럼 유럽 사람들은 무엇을 반성하고, 자신의 문명을 어떻게 새롭게 만들어 갔는지 함께 살펴볼까?

| 냉전이 펼쳐지고 유럽이 둘로 갈라지다 |

전쟁이 끝난 뒤, 유럽에서는 새로운 전쟁이 벌어졌어. 미국과 소련이 중심이 되어 냉전을 펼친 거야. 물론 실제로 전쟁을 벌인 것은 아니었어. 전쟁이 몽둥이 싸움이라면, 냉전은 몽둥이를 들고 하는 눈싸움 같은 거였지. 미국과 소련은 서로 더 많은 나라를 자기편으로 끌어들이려고 경쟁하면서 군대와 무기를 늘려 나갔어. 그러고는 언제든 전쟁을 벌일 기세로 서로 팽팽히 맞섰지. 그럼, 냉전은 왜 일어났을까?

제2차 세계 대전 때만 해도 미국과 소련은 함께 손을 잡고 파시즘을 물리쳤지. 그런데 전쟁이 끝나자, 서로 등을 돌렸어. 사실 두 나라는 파시즘이라는 공동의 적을 물리치기 위해 잠시 손을 잡았을 뿐, 물과 기름처럼 처음부터 이념과 체제가 달랐지.

미국은 개인의 자유를 중시하고, 사유 재산과 자유로운 기업 활동을 인정했어. 그래서 여러 정당이 의회 선거로 정부를 세우고, 이를 바탕으로 자본주의 시장 경제를 펼쳐 나가야 한다는 입장이었지. 이에 비해 소련은 사회 전체의 평등을 중시하고, 사유 재산과 자유로운 기업 활동을 부정했어. 그래서 공산당의 혁명으로 정부를 세우고, 이를 바탕으로 사회주의 계획 경제를 펼쳐 나가야 한다는 입장이었지. 두 나라는 서로 자기 체제가 더 뛰어나다며, 상대방 체제가 퍼지는 걸 막으려 했지.

사실 냉전은 두 나라가 파시즘에 맞서 함께 싸울 때 싹을 틔우기 시작했어. 제2차 세계 대전이 막바지로 치달았을 때, 서부 전선에서는 미국과 영국이 프랑스의 레지스탕스 등과 함께 독일군을 물리쳤어. 또 동부 전선에서는 소련이 각 나라의 파르티잔과 함께 독일군을 몰아냈지. 마지막으로 독일은 미국, 영국, 프랑스, 소련이 함께 점령했어. 네 나라는 독일을 네 지역으로 나눠 각 지역을 다스렸지. 수도인 베를린은 네 나라가 공동으로 관리했어.

미국과 소련은 각각 서유럽과 동유럽에 서로 자기 체제가 들어서기를

1962년 7월 28일에 찍은 베를린 장벽의 모습이다. 베를린 장벽은 1961년 동독 정부가 브란덴부르크 문 근처에 세웠으며, 이후 동서 냉전의 상징이 되었다.

마셜 플랜[*]
정식 명칭은 유럽 부흥 계획이지만, 당시 미국의 국무 장관이었던 마셜이 처음으로 공식 제안했기에 '마셜 플랜'이라고 한다. 마셜은 1947년 6월 5일 "미국은 시장 경제 체제를 채택하는 나라에 대규모 경제 지원을 하겠다."고 발표했다.

원했어. 전쟁이 끝난 후, 동유럽 여러 나라에서는 파시즘에 반대하는 모든 세력이 인민 전선으로 단결하여, 인민 민주주의 정부를 세웠어. 그리고 독일에 협력한 사람을 처벌한 다음, 산업을 국유화하고 토지 개혁을 실시했지. 이를 인민 민주주의 혁명이라고 해. 이 혁명 과정에서 동유럽에 머물던 소련군이 중요한 역할을 했어.

그런데 시간이 흐르면서, 공산당이 모든 권력을 쥐게 되었어. 공산당은 소련군의 지원을 받아, 다른 정당과 세력을 모두 몰아냈지. 이렇게 동유럽에서는 소련군의 도움으로, 인민 민주주의 혁명을 통해 사회주의 체제가 들어섰어.

그러자 미국은 잔뜩 긴장하기 시작했어. 소련이 유럽 전체를 손아귀에 쥐려 한다고 의심했지. 미국은 서유럽에 공산주의 정부가 들어서는 것만큼은 어떻게든 막아야 한다고 생각했어. 그래서 미국은 군사적 도움과 경제적 도움을 펼쳐 나가게 돼.

냉전의 신호탄은 1947년 3월 '트루먼 선언'이었어. 당시 그리스와 터키에서 공산주의자들이 반란을 일으키자, 미국 대통령 트루먼은 두 나라의 반공 정부를 돕기로 해. 그리고 앞으로 공산주의에 맞서 싸우는 '자유 국가'를 돕겠다고 선언하지.

이와 함께 미국은 1947년 6월, '마셜 플랜'[*]이라는 경제 원조를 발표했어. 당시 프랑스와 이탈리아에서는 사람들이 점점 공산당 편으로 돌아서고 있었어. 전쟁으로 모든 게 파괴되어, 생활이 어려워졌기 때문이야. 미국은 이대로 가다가는 서유럽에 공산주의 정부가 들어설지도 모른다고 생각했어. 그리고 공산주의 정부가 소련과 손을 잡으면 미국으로서는 큰일이었지. 그래서

미국과 소련은 냉전 기간 동안 서로 상대방의 체제를 이기기 위해 핵무기를 비롯한 신무기 개발에 많은 노력을 기울였다. 그러면서 두 나라 사이에는 아슬아슬한 균형이 유지되었다.

유럽 경제를 되살리기 위해 경제적 도움을 펼치기로 한 거야.

미국은 마셜 플랜을 통해, 4년 동안 서유럽 12개 나라에 120억 달러를 주었어. 그러자 유럽의 경제는 아주 빠르게 살아났고, 공산당의 힘도 크게 약해졌지. 미국은 한 발 더 나아가 서유럽과 '북대서양 조약 기구'라는 군사 동맹을 맺었어. '나토'라고도 하지. 이렇게 해서 서유럽에서 미국의 영향력은 더욱 커졌어.

소련도 이에 맞섰어. 먼저 1949년에는 동유럽의 공산주의 국가들과 함께 '경제 상호 원조 회의'를 세웠어. 또 몇 년 후에는 군사 동맹인 '바르샤바 조약 기구'를 만들었지.

한편, 냉전이 심해지면서 독일은 결국 두 나라로 갈라졌어. 미국, 영국, 프랑스 세 나라는 서부 독일에 독일 연방 공화국(서독)을 세웠지. 그러자 소련은 동부 독일에 독일 민주 공화국(동독)을 세웠어. 동독 땅 안에 있던 베를린도 서베를린과 동베를린으로 나뉘었어.

냉전의 대립은 베를린에서 가장 날카롭게 펼쳐졌어. 동독의 나라 살림이 어려워지자, 서베를린으로 탈출하는 동독 사람이 점점 많아졌지. 그러자 소련과 동독 정부는 이를 막기 위해, 1961년 8월 베를린 장벽을 쌓았어. 이 장벽은 오랫동안 냉전의 상징이 되었지.

| 새로운 유럽을 만들어 내다 |

유럽은 참혹한 두 차례의 전쟁을 겪으면서, 자신의 문명을

반성했어. 그리고 이를 바탕으로 새로운 유럽을 만들어 내는 일에 뛰어들었지. 그것은 먼저 복지 국가로 나타났어.

전쟁이 끝난 지 두 달 후, 영국에서 총선이 벌어졌어.

"국민 여러분, 우리 노동당을 밀어주십시오. 모든 국민이 요람에서 무덤까지 아무 걱정 없이 살 수 있는 나라를 만들겠습니다."

노동당은 '요람에서 무덤까지'라는 구호를 내걸었고, 선거에서 이겼어. 이 구호는 말 그대로 태어나서 죽을 때까지, 국민의 건강과 기본적인 생활을 국가가 책임지고 돌본다는 말이야. 이런 국가를 복지 국가라고 해. 노동당은 왜 이런 구호를 내걸었을까?

만약 한 노동자가 있는데, 공장에서 열심히 일하지만 늘 쥐꼬리만 한 임금을 받는다고 해 보자. 이 노동자는 식구들과 살 집을 마련해야 하고, 아이를 낳아서 기르고 가르쳐야 해. 또 아프면 병원도 가야 하고, 자칫 일자리를 잃을 수도 있어. 게다가 늙으면 일을 그만둬야 하지. 살아가면서 누구나 부딪치는 일이야. 잘못하면 가난에서 헤어나지 못할 수도 있어.

대공황이 일어나기 전까지만 해도, 자본가와 자본가 정부는 이렇게 목소리를 높였어.

"그런 일이야 개인이 알아서 해결할 문제 아닌가요? 그러니까 평소에 열심히 일하고 저축해서, 가난에서 벗어날 생각을 해야죠."

하지만 대공황으로 파시즘이 권력을 잡고 전 세계를 전쟁으로 몰아가자, 사람들의 생각이 달라졌어.

"이건 개인의 문제가 아니야. 그리고 자본주의를 이대로 두면, 이런 일이 또다시 되풀이되고 말 거야."

전쟁 동안 영국 사람들은 하나로 뭉쳐 파시즘에 맞서 싸웠어. 그러면서 파시즘에 맞서 싸우는 것도 중요하지만, 대공황, 파시즘, 전쟁 같은 끔찍한 일이 다시 일어나지 않게 하는 게 중요하다고 생각했지. 그러려면 영국 사회를 바꿔야 했어. 특히 노동자들이 복지를 요구하며 목소리를 높였지.

전시 내각은 노동자를 비롯한 많은 국민의 요구를 받아들여, 「사회 보험과 관련 사업」이라는 보고서를 만들었어. 베버리지라는 경제학자가 책임자여서, 보통 「베버리지 보고서」라고도 해. 복지 국가의 청사진이었지.

「베버리지 보고서」는 가난을 없애고 모든 국민이 기본적인 생활을 누릴 수 있게, 사회 보험 실시를 주장했어. 이와 함께 여기에 드는 비용을 노동자 개인뿐 아니라 국가와 기업도 똑같이 나눠 내게 했지. 이 보고서는 스웨덴 같은 북유럽 나라의 복지 정책과 소련의 사회주의 계획 경제를 반영했어. '요람에서 무덤까지' 라는 말도 이 보고서에서 처음 쓰인 말이야.

영국의 노동자와 국민은 크게 환영했어. 보고서가 발간된 지 한 달 만에 무려 10만 부나 팔려 나갔지. 정치인들은 국민의 환호를 보면서 꼭 이것을 실행에 옮겨야겠다고 생각했어. 특히 노동당이 그런 생각을 강하게 품었지. 노동자들이 지지하는 정당이었기 때문이야.

노동당은 선거에서 이긴 뒤, 실제로 복지 국가를 만들어 갔어. 노동당 정부는 주요 산업을 국유화하고, 사회 보장 제도를 정비했지. 가장 대표적인 것은

영국의 경제학자 베버리지이다. 베버리지는 '요람에서 무덤까지'로 상징되는 영국의 사회 보장 제도를 확립하는 데 중요한 역할을 했다.

1946년에 만들어진 국민 보건법이야. 이 법은 병원을 국유화하고, 임산부 보조에서 장례비 보조에 이르기까지 국민의 건강과 삶을 보살피려는 거였어. 그 외에도 노동당 정부는 100만 채가 넘는 주택을 건설하고, 아동과 노인, 장애인에게 복지를 늘렸지. 또한 실업자에게는 직업 교육을 시키는 등 여러 복지 제도를 마련했어. 그리고 이런 복지 정책을 펴기 위해, 부자와 기업에게 더 높은 비율의 세금을 거두었지.

그 이후로 보수당과 노동당이 번갈아 가며 정부를 이끌었지만, 1970년대 말까지 이런 복지 국가 정책은 변함없이 이어졌어. 서유럽의 여러 나라에서 이런 복지 국가가 등장해서 발전했지.

사실 복지 국가는 스웨덴이나 노르웨이 같은 북유럽에서 먼저 발전했어. 스웨덴에서는 대공황의 위기가 닥치자, 당시 사회 민주당 정부가 나서서 노동자와 자본가의 화해를 이끌어 냈어. 노동자들은 국유화 요구를 포기하고 파업을 자제했고, 자본가들은 세금 인상을 받아들였지.

이와 함께 전쟁 동안 거국 내각 아래에서 사회 보장과 복지 국가의 청사진을 마련했어. 1948년 사회 민주당 정부가 다시 들어선 뒤, 본격적인 개혁을 펼치기 시작했지. 정부는 기업과 개인에게서 수입의 절반 가까이 또는 그 이상을 세금으로 거두어들였어. 그리고 이 세금으로 태어나서 죽을 때까지 국민의 삶을 돌봐 주었지.

한편, 새로운 유럽을 만들려는 움직임은 유럽 통합 운동으로 나타났어. 유럽은 근대로 접어들 무렵부터 늘 민족주의 경쟁, 제국주의 대립, 이로 인한 전쟁이 끊이지 않았지. 작은 땅에 여러 민족 국가가 들어서서, 복잡하게 얽혀 있는 탓이었어. 그래서 오래전부터 유럽을 하나로 통합하려는 사람들이 있었어. 두 번의 세계 전쟁을 치르면서, 그런 사람들은 더욱 늘어났지.

다른 한편으로는 식민지 시장을 대신할 만한 커다란 시장을 만들어 내야 한다는 생각도 강했어. 대량 생산 체제와 과학 기술, 교통 통신이 눈부시게 발달하고,

베네룩스 3국*
벨기에, 네덜란드, 룩셈부르크를 아울러 이르는 말이다. 각 나라의 머리글자를 따서 만든 이름으로, 1944년 이 세 나라가 관세 동맹을 맺은 데서 유래했다.

식민지에서 민족 운동이 활발해졌기 때문이야. 게다가 소련이나 미국 같은 강대국이 등장하자, 유럽이 그 틈바구니에서 살아남으려면 힘을 합쳐야 한다는 생각도 있었지. 또 독일이 또다시 전쟁을 일으키지 않게 하려면, 독일을 따돌리기보다 오히려 끌어들여야 한다고 생각했어. 이런 여러 생각이 유럽 통합 운동으로 나타났지.

유럽 통합 운동을 이끈 사람들은 정치 통합까지를 목표로 삼았지만, 정치 통합은 당장 이룰 수 없다고 판단했어. 그래서 경제 통합부터 펼쳐 나가기로 했어.

그 결과 1952년 프랑스가 중심이 되어, 유럽 석탄 철강 공동체를 만들었어. 이 공동체에는 서독, 이탈리아, 베네룩스 3국*이 참여했는데, 석탄과 철강을 공동으로 생산하고 관리하는 기구였지. 그 뒤 이 나라들은 유럽 경제 공동체와 유럽 원자력 공동체를 만들고, 1967년에는 이 세 기구를 합쳐 유럽 공동체를 만들었어. 유럽 공동체는 이후 계속 회원국 수를 늘리며, 서유럽의 평화와 번영을 이끌어 갔지.

클릭! 역사 속으로
개인의 자유와 양심을 위해 싸운 사르트르

"모든 것이 무의미하다. 공원도, 도시도, 나 자신도 마찬가지다. 이런 것들을 분명히 알게 되면 속이 울렁거리고 모든 것이 가물거리기 시작한다. 그리고 구토가 치민다."

프랑스의 실존주의 철학자이자 문학가인 사르트르는 1938년에 『구토』라는 소설을 발표했어. 『구토』는 현대 문명 속에서 삶의 의미를 잃고 방황하는 현대 사람의 모습을 잘 담고 있다는 평가를 받았지. 사르트르 역시 문학가로 이름을 널리 알리게 되었지.

그리고 사르트르는 1943년에 『존재와 무』라는 철학책을 발표했어. 이 책에서 사르트르는 인간의 무의미한 삶을 완전한 긍정으로 탈바꿈시켰어. 그리고 나 자신으로 자유롭게 사는 삶을 중요하게 생각하는 실존주의 철학을 주장했지.

"인간의 삶은 아무 의미가 없기 때문에 오히려 의미가 있다. 삶에는 아무런 정해진 의미가 없기 때문에 인간은 스스로 삶의 의미를 만들 수 있는 자유를 갖는다. 인간은 스스로 선택하고 행동하며 책임짐으로써 자신의 존재 이유를 스스로 만들어 가야 한다."

사르트르는 늘 개인의 자유에 많은 관심이 있었지. 그런데 사르트르가 다른 사람과 사회에 대해 관심을 넓히게 만든 사건이 일어났어. 바로 제2차 세계 대전이었지. 사르트르는 파시즘과 전쟁이라는 폭력을 경험하면서 참여와 실천이 중요하다는 사실을 깨달았지.

"인간은 본질적으로 자유롭지만, 자유를 억누르는 세력과 집단이 있는 한, 인간은 결코 완전하게 자유로울 수 없다."

그 뒤 사르트르는 프랑스를 침략한 독일군에 맞서 레지스탕스 활동을 펼쳤어. 그리고 전쟁이 끝난 뒤에도 '참여'의 사상가로 자유와 인간의 양심을 지키기 위해 앞장서서 싸웠지. 프랑스 정부의 식민지 정책을 비판하고, 베트남 전쟁에서 벌어지는 범죄를 고발했지. 사르트르는 제2차 세계 대전 이후 유럽을 대표하는 지식인 가운데 한 사람으로 떠올랐어. 그리고 실천하는 사르트르의 모습은 많은 사람들의 존경을 받았지.

새 국가 건설에 나선 아시아

유럽 사람들이 자신의 문명을 반성하며 새로운 유럽을 만들어 가던 무렵, 아시아 민중들은 더욱 놀라운 변화를 만들어 내고 있었어. 제국주의 침략이나 지배의 사슬에서 이제 겨우 갓 벗어났지만, 서로 힘을 모아 공화국을 세우고 자신들이 원하는 나라를 세워 나가기 시작한 거야. 이 무렵 아시아 사람들은 어떤 사회, 어떤 나라를 만들어 나가려고 했을까? 그 과정에서 어떤 어려움에 부딪쳤고, 어떻게 그것을 헤쳐 나갔을까? 이제 함께 알아보자꾸나.

| 중화 인민 공화국이 들어서다 |

1945년 9월, 마침내 중국은 일본에게 항복을 받아 냈어. 국민당 정부와 공산당이 손을 잡은 가운데 중국 민중들이 끈질기게 싸운 덕분이었지.

그런데 국민당과 공산당은 어떤 나라를 만들지를 두고 서로 생각이 달랐어. 그래서 다시 전쟁이 일어날 가능성이 컸지. 그러자 중국 민중들이 또다시 나섰어. 전쟁을 반대하는 목소리를 높인 거야. 결국 두 당은 '평화로운 방법으로 새로운 정부를 구성한다'는 협정을 맺었지. 하지만 1946년 6월, 국민당이 협정을 깨고 공산당을 공격했어. 내전이 시작되었지.

처음에는 국민당이 우세했어. 국민당은 300만 명이 넘는 병사가 있었고, 미국으로부터 최신의 무기를 지원받았어. 큰 도시도 모두 차지하고 있었지. 모두 국민당이 공산당을 쉽게 이길 거라고 예상했어.

하지만 시간이 흐르면 흐를수록 중국 민중들은 공산당으로 기울어 갔어. 새로 지역을 차지할 때마다, 공산당은 부유한 지주의 땅을 빼앗아 농민들에게 나누어 주었거든. 농민들은 공산당 군대에 들어가 목숨을 걸고 싸웠어.

이와 달리 국민당 지역에서는 사람들의 생활이 점점 어려워졌어. 정부는 전쟁 비용을 마련하려고, 지폐를 마구 찍어 냈어. 그 결과 하루가 다르게 물가가 치솟았지. 도시에는 집과 일자리를 잃은 빈민과 실업자가 넘쳐 났고, 농민들은 높은 이자와 무거운 세금, 굶주림에 시달렸어. 그런데도 부패한 국민당 정부 관리들은 제 욕심만 채우기에 바빴지.

결국 중국 민중들의 지지에 힘입어 공산당 군대는 중국을 빠르게 통일했어. 국민당 정부는 군대와 무기, 외국의 지원까지 모든 면에서 공산당보다 유리했지만, 민중의 지지를 얻지 못해 몰락하고 말았지. 장제스의 국민당 정부는 타이완으로 도망쳐야만 했어.

1949년 10월 1일, 공산당의 지도자인 마오쩌둥이 베이징의 톈안먼 광장에 모습을 드러냈어.

"오늘 중화 인민 공화국의 탄생을 선언합니다! 중화 인민 공화국은 노동자와 농민이 중심이 되고, 여러 계급과 민족이 힘을 모아 제국주의, 봉건주의, 관료주의를 청산한 새로운 사회를 이룩할 것입니다."

마오쩌둥의 말이 떨어지자, 광장에 모인 30만 명의 군중이 열광했어. 마침내 중국 민중들이 공산당을 중심으로 중국 혁명을 성공시킨 거야.

1949년 10월 1일, 마오쩌둥이 톈안먼 광장에서 중화 인민 공화국의 건국을 선언하고 있다.

마오쩌둥이 이끄는 중화 인민 공화국 정부는 민생을 안정시키고, 경제를 성장시키는 데 많은 노력을 기울였어. 우선 전국 규모로 토지 개혁을 실시해 농민들에게 땅을 나눠 주고, 외국 기업과 국민당 쪽 관료 자본을 거둬들였어. 물가도 안정시켜 나갔지.

이와 함께 중국 정부는 소련의 경제 발전 방식을 받아들이기로 결정했어. 농업을 집단화하고, 중공업을 중심으로 경제를 발전시키는 정책을 펴기로 한 거야.

하지만 소련의 방식은 중국에 맞지 않았어. 농업을 기계화하기 위해 집단 농장을 만들었지만, 농기계와 기술자가 턱없이 부족했지. 그리고 인구가 워낙 많아서 남아도는 농산물이 별로 없었어. 결국 집단 농장에서 생산한 농산물을 판 돈으로, 중공업 발전에 필요한 자본을 마련하려던 계획도 어긋나고 말았지.

"기계가 없으면 사람의 힘으로 대신하면 되지 않습니까? 기술자가 부족하면 농민과 노동자가 더 힘껏 일하면 되지 않습니까? 중국만의 방식으로 사회주의를 건설해 나갑시다!"

1958년 5월, 마오쩌둥은 대약진 운동을 시작했어. 기계를 중심으로 공업을 발전시키기보다, 인간의 노동력과 자발성을 이용해 농업과 공업을 동시에 발전시키자는 거였지. 그리고 능력에 따라 일하고 일한 만큼 분배받는 것이 아니라, 능력에 따라 일하고 필요한 만큼 분배받는 공산주의 체제를 만들기로 했어.

하지만 일한 만큼 분배받지 못하자, 농민은 굳이 열심히 일하려 하지 않았어. 엎친 데 덮친 격으로 엄청난 가뭄까지 들었지. 가뭄으로 무려 3,000만 명이나 굶어 죽었어. 게다가 소련까지 대약진 운동을 비웃고 나오면서, 원조를 중단하고 기술자도 철수시켜 버렸지. 대약진 운동은 완전히 실패로 끝났어.

결국 마오쩌둥은 실패의 책임을 지고 뒷자리로 물러났고, 새로운 지도자들이 앞으로 나섰어. 이제 중국은 새로운 길을 모색해야 했어.

| 한반도와 베트남에 공화국이 들어서다 |

1945년 8월 15일, 조선 사람들은 일본이 항복했다는 소식에 만세를 부르며 기쁨을 함께 나누었어. 하지만 중국에서 독립 운동을 이끌던 김구는 일본이 항복했다는 소식을 듣고 땅을 치며 탄식했어.

"아, 일본이 항복이라니……. 우리 손으로 나라를 되찾아야 온전히 내 나라가 될 텐데. 또 어느 나라가 조선에서 주인 노릇을 할까 걱정이구나."

김구의 걱정은 현실이 되고 말았어. 미국과 소련이 일본군을 무장 해제한다며 밀고 들어왔어. 그리고 38도선을 기준으로 남과 북에는 각각 미군정과 소군정이 들어섰지. 미군정과 소군정은 점령군 행세를 하며 자신들의 이익을 앞세웠고, 조선 사람들 스스로 나라를 세우려는 노력에 일일이 간섭을 했지.

그런데 어떤 나라를 세울지를 두고 조선 사람들끼리도 서로 생각이 달랐어. 김구를 비롯해 많은 사람이 그동안 일본에 빌붙어 산 친일 관리와 지주, 자본가를 처벌해야 한다고 주장했어. 그들의 재산도 모두 빼앗아야 한다고 했지. 특히 여운형을 중심으로 사회주의를 지지하는 세력은 한 발 더 나아갔어. 지주의 땅을 모두 빼앗아 농민에게 나눠 주고, 중요한 산업 시설을 국유화해야 한다고 주장했지.

이와 달리 자본가나 지주들은 산업 국유화나 토지 개혁은 물론 친일파 청산까지도 반대했어. 이들은 민족의 단결을 내세우며, 미국에서 돌아온 이승만과 손을 잡았지.

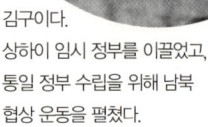

김구이다.
상하이 임시 정부를 이끌었고, 통일 정부 수립을 위해 남북 협상 운동을 펼쳤다.

한편, 미국과 소련은 이런 대립을 이용해 남과 북에 서로 자기 체제를 세우려고 했어. 여운형 등이 좌우 합작 운동에 나서고 김구 같은 사람이 남북 협상 운동을 펼쳤지만, 통일 국가의 꿈은 점점 멀어졌지.

1948년, 한반도 남쪽에서는 이승만이 미국의 지원을 받아 대한민국을 세웠어. 곧이어 북쪽에서도 김일성이 소련의 지원을 받아, 조선 민주주의 인민 공화국을 세웠지. 두 나라는 38도선을 사이에 두고 서로 다투다가, 1950년부터 3년 동안 전쟁을 했어. 같은 민족이 서로 총부리를 겨누었고, 여기에 다른 나라들까지 끼어들었지. 450만 명이 목숨을 잃었고, 공장과 집, 농토는 모두 잿더미로 변했어.

오른쪽은 1948년 8월 15일, 대한민국 정부 수립 장면이다. 왼쪽은 이승만이다. 대한민국 첫 대통령이 되었다.

분단으로 남북 사이에 경제 교류가 끊어진 데 이어, 전쟁으로 산업 시설까지 모두 잿더미로 변했어. 이런 어려운 상태에서 남한과 북한은 각자 서로 다른 길을 걸으며, 경제 성장을 해 나가야 했어.

북한은 자립 경제를 내세우며 본격적으로 사회주의 건설에 나섰어. 농업을 비롯해 모든 산업을 협동화하고, 중공업을 우선으로 하여 경공업과 농업을 동시에 발전시키는 정책을 폈지. 하지만 자본, 물자, 기술 등 모든 게 부족했어. 그래서 시작한 게 '천리마 운동'이야. 사상을 더욱 강조한 것이 다르기는 하지만, 중국의 대약진 운동과 비슷한 점이 있어.

한편 남한도 전쟁 직전에 농지 개혁을 했어. 정부가 지주의 땅을 사서 농민에게 파는 형태였지. 비록 한계는 있었지만 남한에서도 지주제가 사라지고 농민들은 자기 땅을 갖게 되었지. 그리고 미국의 경제 원조를 바탕으로 경제 건설에 나섰지.

베트남 사람들에게도 일본이 항복했다는 소식이 전해졌어. 1945년 9월 2일, 호치민은 하노이 바딘 광장에서 베트남 민주 공화국의 탄생을 선언했지. 그런데 어이없는 일이 일어났어. 프랑스가 인도차이나를 지배하겠다며 다시 돌아온 거야. 그러고는 바오 다이 황제를 내세워, 남베트남에 베트남 국을 세웠어. 영국과 미국이 공산주의의 팽창을 막겠다며 프랑스를 지원하고 나섰지.

베트남 민주 공화국은 프랑스와 베트남 국을 상대로 7년 동안 싸웠어. 밀고 밀리던 싸움 끝에 1954년의 디엔비엔 푸 전투에서 베트남 민주 공화국이 큰 승리를 거두었어. 국제 여론도 프랑스를 비판하고 나섰지.

결국 1954년에 제네바에서 베트남 민주 공화국과 프랑스는 평화 협정을 맺었어. 우선 베트남을 북위 17도선을 경계로 남과 북으로 나누기로 했지. 그리고 1956년 베트남

김일성이다. 한반도 남쪽에 대한민국이 세워지자, 한반도 북쪽에 조선 민주주의 인민 공화국을 세웠다. 조선 민주주의 인민 공화국의 첫 국가 주석이 되었다.

전역에서 자유선거를 통해 통일 국가를 세우기로 약속했어. 그해 10월, 제네바 협정에 따라 프랑스 군이 베트남에서 철수했어.

호치민이 이끄는 베트남 민주 공화국 정부는 외국 지배와 전쟁의 상처를 지우고 사회를 안정시켜 나갔어. 1955년에는 북베트남 전체에 걸쳐 토지 개혁을 실시했어. 베트남 사람들은 호치민을 중심으로 똘똘 뭉쳐 통일 국가를 세울 준비를 서둘렀지.

인도와 서아시아 나라들이 경제 개발에 힘쓰다

제2차 세계 대전이 끝나고 얼마 뒤 인도 사람들의 끈질긴 반영 투쟁도 결실을 보았어. 1947년 8월 15일, 인도의 네루는 0시에 라디오를 통해 인도의 독립을 선언하는 방송을 했어.

"시계가 자정을 울리면 세계는 잠들어 있지만 인도는 생명과 자유를 깨울 것입니다. 한 시대가 끝나면서 이제 낡은 것으로부터 새로운 것으로 나아가고, 그동안 억눌렸던 국가의 영혼이 목소리를 찾는, 역사에서 흔치 않는 그 순간이 다가옵니다."

200년 가까운 영국의 지배에서 벗어나는 순간이었지. 인도 사람들은 환호성을 지르며 독립의 기쁨을 함께 나누었지. 그러나 인도 사람들은 나라가 둘로 갈라지는 아픔도 겪어야 했어. 무슬림들이 따로 파키스탄을 세워 하루 전에 먼저 독립을 선포했기 때문이야.

이렇게 해서 인도는 힌두 교의 나라 인도와 이슬람 교의 나라 파키스탄으로 갈라졌어. 무슬림 800만 명 이상이 인도를 떠

인도와 아랍 국가들의 새 출발
1. 인도의 네루가 손자를 무릎에 앉히고 인도의 미래에 대해 이야기하고 있다.
2. 1947년, 인도의 네루가 독립을 기념하는 행사에서 평화의 상징인 비둘기를 날리고 있다.
3. 1947년 10월 13일, 아랍 연맹 지도자들의 회의 모습이다.
4. 1950년대, 이란 유전이다. 이란은 석유 판매로 벌어들인 돈으로 경제와 사회 발전에 많은 노력을 기울였다.

나고, 수백만 명의 힌두교도가 파키스탄 땅을 떠났지.

1950년, 인도는 새로운 헌법을 만들고 공화국을 선포했어. 임시 정부의 틀을 벗고 완전한 독립 국가의 틀을 갖춘 거야. 뒤이어 치러진 총선거에서 국민 회의가 이기고, 네루가 수상이 되어 정부를 이끌었어.

네루는 민주주의를 뿌리내리는 것이 무엇보다도 중요하다고 생각했어. 다양한 인종과 거대한 국가를 한데 묶고, 사회적 불평등을 줄일 수 있는 제도는 민주주의뿐이라고 생각했지. 보통 선거를 곧바로 실시한 것도 그런 이유 때문이었어. 그는 사상과 표현의 자유를 존중하고, 의회 민주주의를 확립하고, 사법부의 독립을 이루었어.

민주주의를 뿌리내리는 것 못지않게, 네루는 독립적인 경제 발전에도 많은 노력을 기울였어. 네루는 우선 인도 경제를 근대화하고, 자립 경제의 발판을 마련해야 한다고 생각했지. 그래서 토지 개혁을 실시해서 지주제를 없앴어. 그리고 자본주의와 사회주의 원칙을 뒤섞은 혼합 경제 정책을 추진했지. 주요 산업을 국유화하면서, 민간 기업의 활동을 보장한 거야. 이와 함께 힘이 약한 국내 공업을 보호하기 위해 단단한 보호 장벽을 세웠어.

한편 서아시아의 이란, 이라크, 사우디

아라비아 같은 나라도 제2차 세계 대전이 끝나면서, 본격적으로 새로운 나라 건설에 나섰어. 이들 나라는 이미 1930년대에 독립을 했지만, 힘이 약해 여전히 영국과 프랑스의 간섭을 심하게 받고 있었어. 하지만 영국과 프랑스가 제2차 세계 대전을 치르는 동안 힘이 약해지자, 완전한 독립 국가가 되었지. 이들 나라뿐만 아니라 시리아, 요르단, 예멘 같은 나라도 모두 독립을 선언했어.

서아시아의 여러 나라는 1945년에 아랍 연맹을 만들어 유럽 국가의 간섭에 맞서는 한편, 풍부한 석유를 바탕으로 경제 개발에 나섰어. 서아시아 여러 나라에는 도로, 학교, 병원, 대학이 새롭게 들어섰고, 사막에서 힘들게 살던 국민들의 생활도 점차 나아졌지.

한편, 1948년 유대 사람들은 영국과 미국의 지원 아래 팔레스타인에 이스라엘

1948년 6월 26일 이스라엘에서 쫓겨난 아랍 여성들과 아이들이 이동하고 있다. 1948년 5월 팔레스타인 지역에 이스라엘이 세워지면서 많은 아랍 사람이 살 곳을 잃게 되었다.

을 세웠어. 제1차 세계 대전 때 영국은 유대 사람들에게 전쟁을 도와주면, 이곳에 나라를 세우는 것을 돕겠다고 약속했지. 이 약속이 이루어진 거야. 하지만 팔레스타인에서 아주 오랫동안 살던 수많은 아랍 사람이 쫓겨났어. 이들을 팔레스타인 사람이라고 해. 이때부터 팔레스타인 사람들은 자기 땅을 찾기 위해 목숨을 걸고 이스라엘에 맞서 싸웠지.

이슬람 교를 주로 믿는 아랍 국가들에게도 유대 국가인 이스라엘은 눈엣가시였어. 그래서 아랍 국가들은 이스라엘을 몰아내기 위해 애를 썼고, 그러다 보니 아랍 국가들과 이스라엘 사이에는 크고 작은 전쟁이 끊일 날이 없었지.

● 클릭! 역사 속으로

팔레스타인 해방 운동을 이끈 야세르 아라파트

1974년 11월, 유엔 총회에 아주 특별한 사람이 연설을 하기 위해 나타났어. 바로 팔레스타인 해방 기구(PLO)의 의장 아라파트였지. 당시 PLO는 과격한 테러 집단으로 악명이 높았어. 항공기 납치, 1972년 뮌헨 올림픽 이스라엘 선수단 살해 등 국제적인 테러 사건과 관련되어 있었거든.

그런 PLO의 지도자 아라파트가 비정부 기구 대표 최초로, 유엔 총회 연설에 나선 거야. 그만큼 국제 사회에서 PLO와 아라파트를 인정한다는 이야기였지. 아라파트는 연설에서 팔레스타인 해방을 호소하며, 다음과 같은 말로 이야기를 마무리했어.

"나는 한 손에는 권총을, 다른 손에는 올리브 가지를 들고 있습니다. 내 손에서 올리브 가지가 떨어지지 않도록 하십시오."

권총은 전쟁, 올리브 가지는 평화를 의미했어. 아라파트의 연설은 유엔이 팔레스타인 해방을 돕지 않으면, 전쟁을 선택할 수밖에 없다는 경고였지. 또한 유엔이 PLO를 돕는다면, 평화를 선택하겠다는 새로운 제안이기도 했어. 이 연설로 국제 사회에서는 PLO와 아라파트를 긍정적으로 바라보기 시작했지.

그 뒤 아라파트는 자신의 말대로 권총만을 고집하지 않았어. 팔레스타인의 독립을 위해, 이스라엘에 전쟁 대신 화해를 제안하기까지 했지. 1988년 제네바 유엔 총회에서 이스라엘에 대한 테러를 포기하고 평화 공존을 선언한 거야. 이를 계기로 1993년 이츠하크 라빈 이스라엘 총리와 오슬로 평화 협정을 맺고, 이듬해엔 함께 노벨 평화상을 받았지.

1994년 7월, 아라파트는 27년의 망명 생활을 끝내고 팔레스타인으로 돌아왔어. 그리고 1996년 4월, 초대 팔레스타인 자치 정부 수반에 올랐지. 팔레스타인 사람 중에는 아라파트를 '배신자'로 여기는 사람도 있어. 이스라엘과 평화 협정을 맺었다는 이유지. 하지만 그는 여전히 팔레스타인 해방 운동의 상징으로 기억되고 있어.

아, 그렇구나!
우리의 생활을 든든하게 지켜 줘요

사회 안전망이 발달한 나라에서는 정부가 집 없는 사람에게 집을 마련해 주고, 출산비와 양육비, 교육비, 병원비를 대 주지. 또한 직장을 잃으면 실업 급여를 주고, 늙어서 일을 그만 두면 노인 연금을 줘. 그런데 이런 혜택은 저절로 나오는 것이 아냐. 정부가 이런 혜택을 주려면 많은 돈이 필요해. 그 돈은 사람들이 내는 세금에서 나오지. 그래서 사회 안전망이 발달한 나라에서는 노동자를 비롯해 일반 국민들도 자기의 수익 거의 절반을 세금으

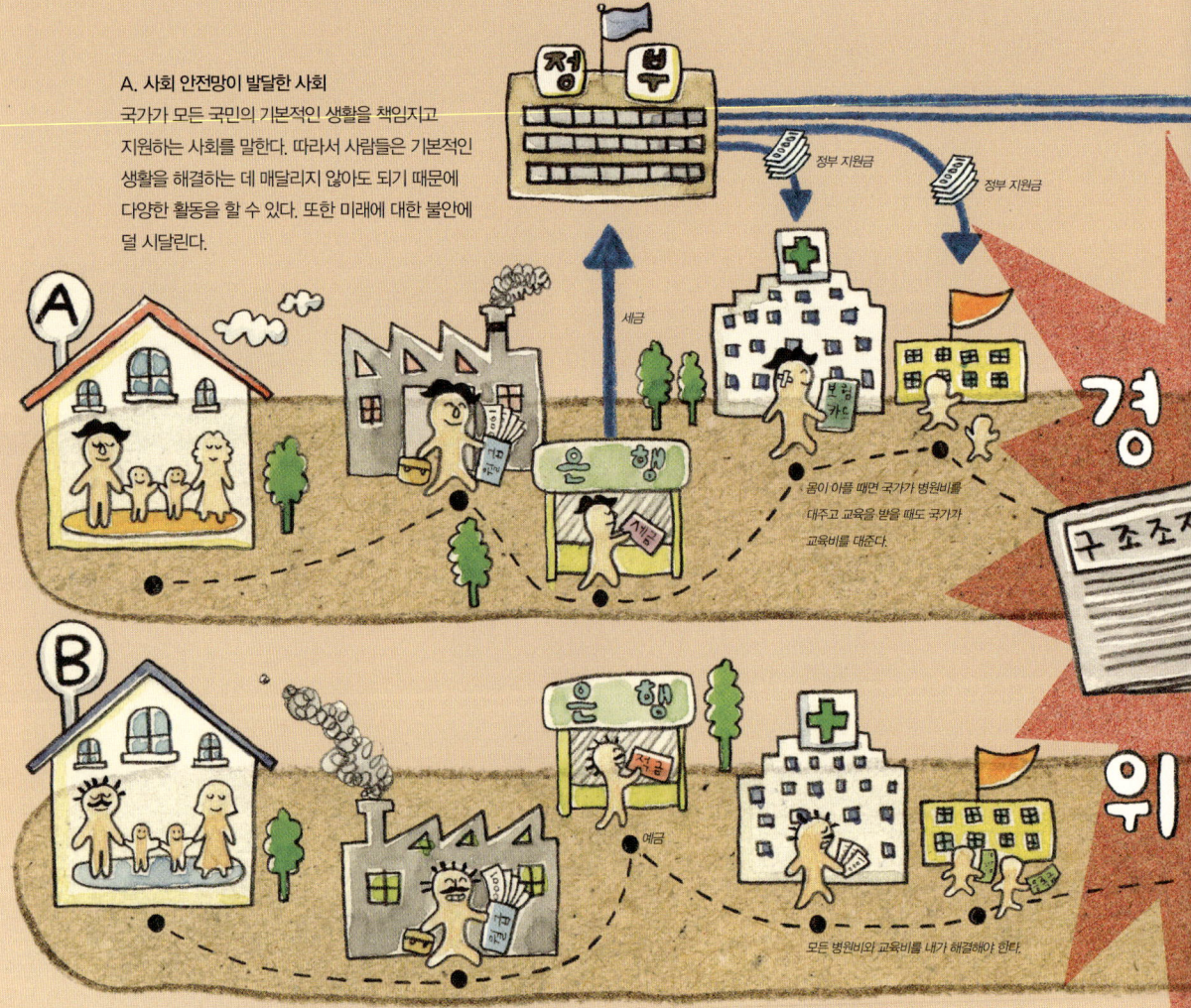

A. 사회 안전망이 발달한 사회
국가가 모든 국민의 기본적인 생활을 책임지고 지원하는 사회를 말한다. 따라서 사람들은 기본적인 생활을 해결하는 데 매달리지 않아도 되기 때문에 다양한 활동을 할 수 있다. 또한 미래에 대한 불안에 덜 시달린다.

B. 사회 안전망이 발달하지 않은 사회
개인이 자신의 힘으로 기본적인 생활을 책임지고 해결해야 하는 사회를 말한다. 따라서 사람들은 기본적인 생활을 해결하는 데 많은 시간을 들여야 한다. 또한 미래에 대한 불안에 늘 시달린다.

로 낸단다. 기업이나 부자가 더 많이 내긴 하지만, 전체 세금에서 차지하는 비중은 별로 높지 않아. 오히려 노동자를 비롯한 일반 국민들이 내는 세금이 훨씬 많아.

사회 안전망이 갖추어지면, 사람들은 안전한 생활을 누릴 수 있어. 그뿐만이 아니야. 나라 경제에도 훨씬 유리해. 주택 구입비, 양육비며 교육비, 병원비가 필요 없으니, 사람들은 다른 곳에 돈을 소비할 수 있어. 그럼 기업 입장에서도 이익이야. 더 많은 물건을 팔 수 있고, 그만큼 많은 이익을 낼 수 있으니까. 또 사람들은 직장을 잃어도 새 기술을 배워 새 일자리를 구할 수 있어. 그럼 기업 입장에서도 훨씬 우수한 능력을 갖춘 노동자를 얻을 수 있지.

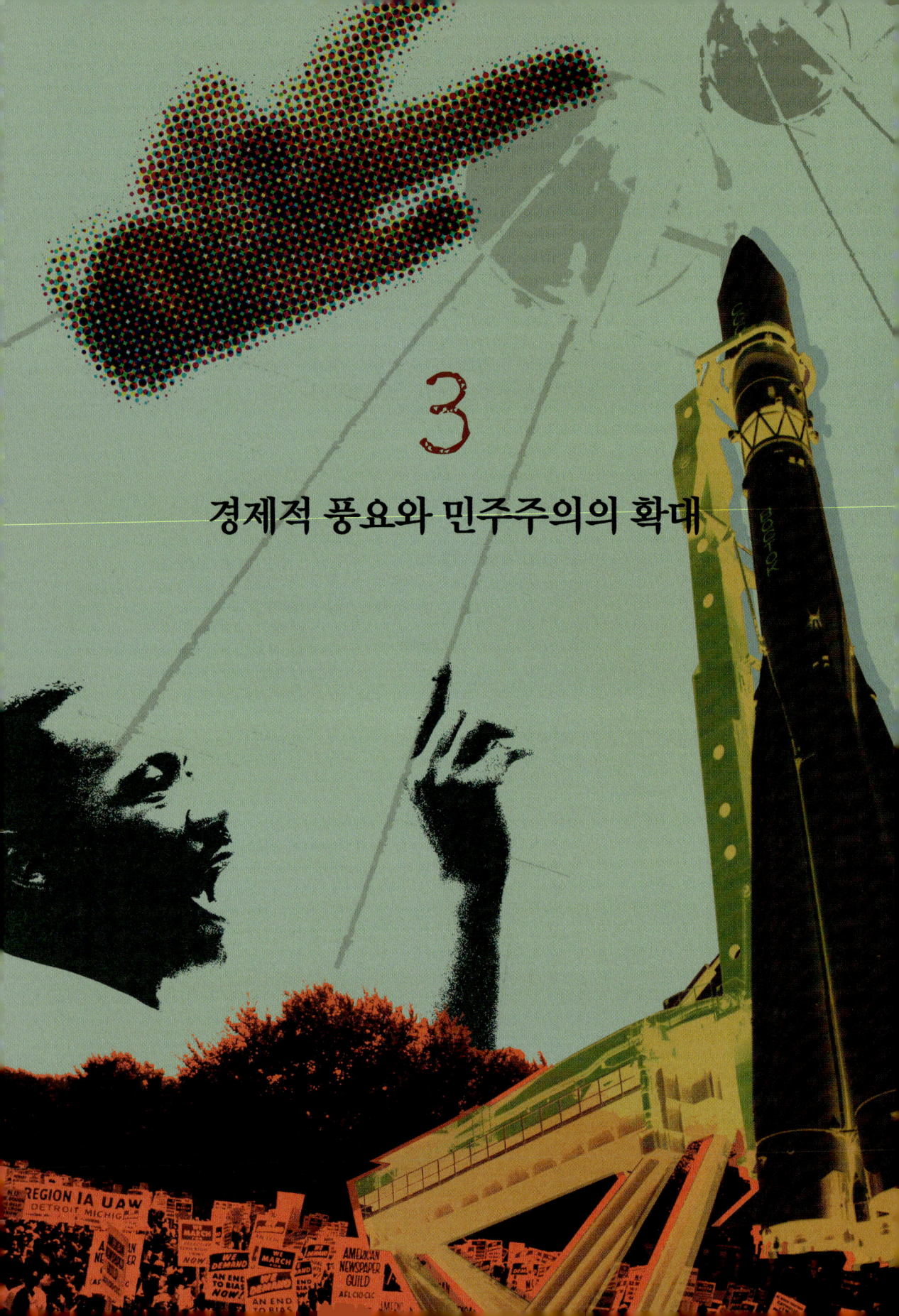

3

경제적 풍요와 민주주의의 확대

1950년대 후반으로 접어들자 냉전이 약해지는 듯이 보였어. 미국과 소련 사이에 화해 분위기가 펼쳐졌거든. 하지만 미국과 소련 두 강대국 중심의 세계 질서는 계속되었고, 치열한 핵무기 경쟁으로 세계 평화는 더욱 위협받았어. 그에 따라 아시아와 아프리카 나라들을 중심으로 냉전에 반대하는 목소리가 커져 갔지.

　그리고 1960년대에 세계 많은 나라에서는 역사상 최고의 경제 번영이 펼쳐지고 있었어. 제2차 세계 대전이 끝난 뒤부터 줄곧 빠른 경제 성장이 이루어진 덕분이었지. 그중에서도 미국, 유럽, 일본 등 선진 자본주의 나라의 경제 번영은 참으로 놀라웠어.

　경제 번영이 절정으로 치닫던 바로 그때였어. 선진 자본주의 나라를 시작으로 이전과는 다른 새로운 운동이 거의 동시다발로 펼쳐졌어. 흑인 운동, 여성 운동, 청년 운동, 환경 운동 등이야.

　한편 아시아, 남아메리카, 아프리카 나라들에서는 많은 사람이 독재와 가난, 인종 차별에서 벗어나기 위해 어떻게 해야 하는지 고민했어. 그리고 그 고민을 바탕으로 자신들의 삶을 변화시켜 나가기 시작했지.

냉전 체제의 변화

냉전이 한창이던 1950년대 후반, 소련이 평화 공존을 부르짖고 나왔어. 그러자 미국과 소련 간에 화해 분위기가 펼쳐지고, 냉전이 약해지는 듯이 보였지. 하지만 두 나라의 핵무기 경쟁이 심해지면서 오히려 세계 평화는 더욱 위협받았어. 이와 함께 아시아와 아프리카에서는 강대국 중심의 냉전 질서에 반대하는 목소리가 터져 나오기 시작했지.

냉전이 약해지고 있었다는데, 왜 세계 평화는 더 위협받게 되었을까? 또 왜 냉전에 반대하는 목소리가 터져 나오기 시작했을까? 지금부터 함께 알아보자꾸나.

| 살얼음판 같은 평화 공존이 펼쳐지다 |

냉전이 한창이던 1956년 2월, 스탈린이 죽은 뒤 3년 만에 처음으로 소련 공산당 대회가 열렸어. 소련 사람들은 물론, 동유럽과 아시아의 사회주의 나라들, 심지어 미국과 서유럽을 비롯한 자본주의 나라들까지 귀를 쫑긋 세웠지. 이제 소련이 어떤 길로 갈지 궁금했던 거야.

대회 마지막 날, 소련의 새 지도자 흐루쇼프가 비밀 연설을 했어. 그 연설에서 흐루쇼프는 스탈린의 일인 독재와 공포 정치를 비판하고 나섰지. 그 자리에 참석한 사람들은 엄청난 충격을 받았어. 당시 스탈린은 자본주의 국가에 맞서 사회주의 체제를 지킨 수호신 같은 존재로 숭배를 받고 있었거든.

그런데 흐루쇼프는 이미 대회 첫날 또 한 가지 놀라운 연설을 했어.

"자본주의 나라와 사회주의 나라 사이에 전쟁은 피할 수 없는 것일까요? 결코 그렇지 않습니다. 체제가 서로 달라도 얼마든지 평화롭게 경쟁하면서 공존할 수 있습니다."

소련은 그동안 미국을 비롯한 자본주의 나라와 팽팽하게 대립하고 있었어. 그런데 이제 미국을 비롯한 자본주의 나라와 평화롭게 경쟁하면서, 공존하자는 주장으로 돌아선 거야.

그런데 소련은 왜 평화 공존을 들고 나왔을까? 이미 동유럽과 아시아에 사회주의 나라가 많이 들어서 있었던 데다가, 소련도 이제는 강대국이 되었기 때문이야. 그만큼 지킬 것이 많아진 거지. 게다가 미국과 소련 양쪽 모두 핵무기를 갖고 있었어. 그래서 두 나라 사이에 전쟁이 일어나면, 양쪽 모두 엄청난 피해를 입을 게 불을 보듯 뻔했지. 어느 쪽이 이긴다는 보장도 없었고 말이야.

흐루쇼프는 1959년에 아이젠하워 미국 대통령과 미국에서 회의를 가졌어. 냉

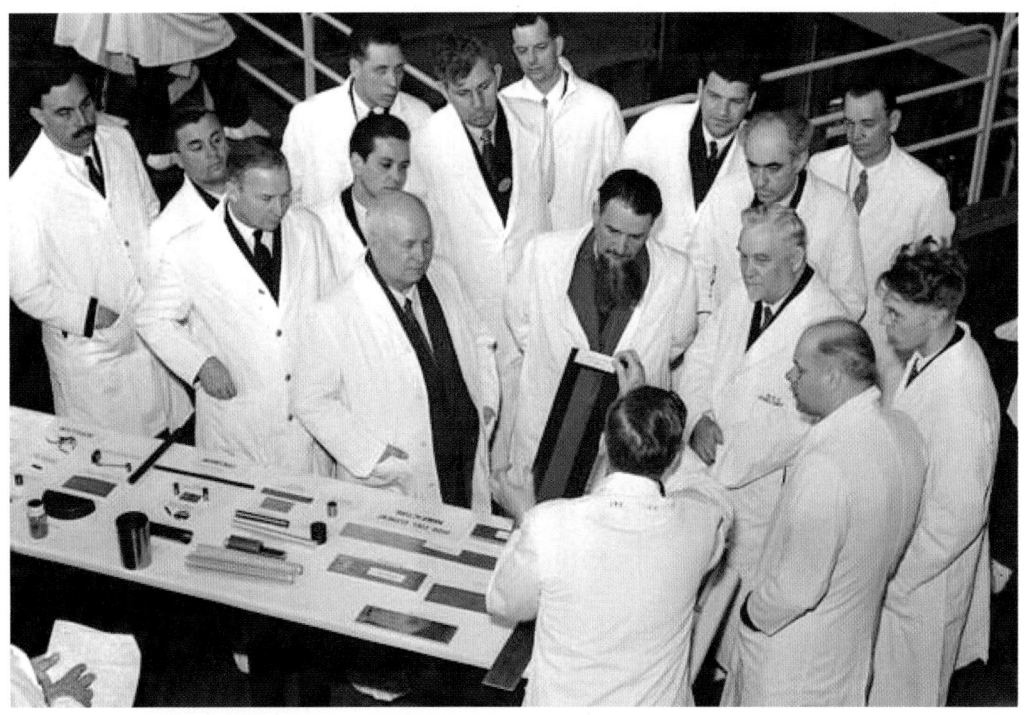

1956년 흐루쇼프가 영국의 원자력 연구소를 방문해 연구원들의 이야기를 듣고 있다. 흐루쇼프는 자본주의 나라들과 평화로운 경쟁을 선언하고, 소련의 경제 개혁과 과학 발전에 많은 노력을 기울였다.

스푸트니크 1호*
소련이 개발한 세계 최초의 인공위성이다. 스푸트니크란 러시아어로 '동반자'란 뜻이다. 무게는 83.6킬로그램이며, 금속구에 4개의 안테나가 달린 모양이다. 내부에는 측정기와 2대의 송신기 등을 갖추고 있었다.

전을 이끌던 소련과 미국 사이에 평화 공존의 분위기가 무르익었지.

그런데 미국과 소련의 평화 공존은 진정한 평화 공존과는 거리가 멀었어. 두 나라는 입으로는 평화 공존을 외쳤지만, 핵무기를 포기할 생각은 전혀 없었지. 두 나라는 서로 강대국으로서 자기 자리를 지키기 위해, 잠시 손을 잡은 것에 지나지 않았어.

그런 만큼 자기 나라의 이익과 어긋난다고 생각되면, 언제든 두 나라의 평화 공존 분위기는 깨졌어. 그것은 1960년대 초, 쿠바에서 확인되었지.

1961년, 미국에서 케네디가 새 대통령이 되었어. 케네디는 미국이 미사일 경쟁에서 뒤졌다며 걱정했지. 그래서 터키에 핵미사일을 배치했어. 모스크바까지 16분이면 날아갈 수 있는 곳이었지. 그러자 흐루쇼프의 소련도 맞대응을 했어.

1962년, 미국 바로 턱밑에 있는 쿠바에 미사일 기지를 세운 거야. 케네디는 당장 미사일 기지를 철수하라며, 쿠바 바다를 둘러쌌어. 이러다가 제3차 세계 대전이 일어나는 건 아닌지, 전 세계는 공포에 떨었지. 결국 소련이 물러섰고, 미국도 터키에서 미사일을 철수했어.

쿠바 미사일 위기를 겪으면서, 사람들은 핵무기 경쟁이 세계 평화에 얼마나 위험한지 몸으로 깨달았어. 이듬해 케네디와 흐루쇼프는 핵 실험 금지 조약을 맺었어. 그러면서 점차 냉전이 약해지고, 평화 공존의 분위기가 무르익기 시작했지.

한편 소련과 미국은 직접적인 군사 대결을 피하는 대신 과학 기술과 스포츠, 문화 같은 분야에서 경쟁을 더욱 치열하게 펼쳤어. 특히 신무기와 우주 개발 분야에서 서로 엎치락뒤치락하며 경쟁 속도를 높여 갔지.

우주 개발에서 앞선 나라는 소련이었어. 소련은 이미 1957년에 세계 최초로 인공위성을 쏘아 올렸어. 바로 스푸트니크 1호*였지. 당시 미국 사람들은 엄청난 충격을 받았어.

"아니, 어떻게! 언제 소련이 우리를 앞질렀지?"

"그나저나 소련이 저 로켓에 핵무기를 실어, 우리를 공격하면 어떡하지? 그러면 우리는 끝장이야, 끝장!"

냉전을 풍자한 1951년 소련의 카툰이다. 냉전 시기에 미국과 유럽이 군사력을 확장하고 있음을 풍자하고 있다.

이듬해 미국 정부도 항공 우주국을 세우고, 우주 개발에 박차를 가했어. 그리고 1969년, 미국의 아폴로 11호가 3명의 우주 비행사를 태우고 달 착륙에 성공했지. 그 뒤로도 소련과 미국은 우주 개발 경쟁을 계속 이어갔어.

이처럼 미국과 소련이 우주 경쟁에 매달린 이유는 무엇일까? 바로 자기 체제가 더 뛰어나다는 것을 보여 주기 위해서였어. 그런데 사실은 한 가지 이유가 더 있었어. 우주 개발은 군사 기술과 관련이 깊었지.

예를 들어, 인공위성이나 우주선을 쏘아 올리는 로켓은 핵무기를 실어 나르는 데도 쓸 수 있지. 실제로 소련은 스푸트니크 1호를 발사하기 직전, 대륙간 탄도 미사일을 개발했어. 핵무기를 다른 대륙에 있는 나라에까지 쏠 수 있는 미사일이었지. 미국도 곧 이 미사일을 개발했어.

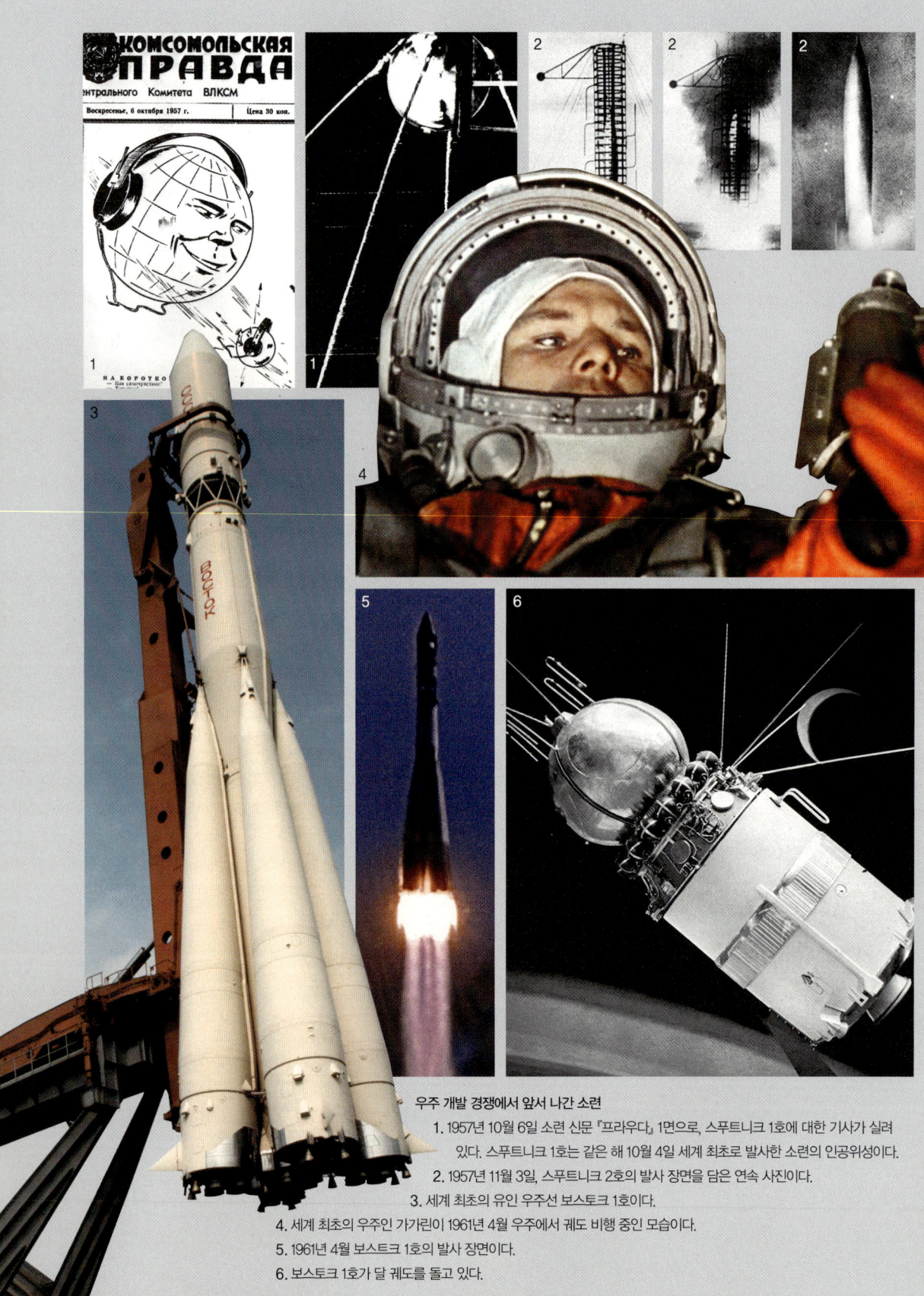

우주 개발 경쟁에서 앞서 나간 소련

1. 1957년 10월 6일 소련 신문 『프라우다』 1면으로, 스푸트니크 1호에 대한 기사가 실려 있다. 스푸트니크 1호는 같은 해 10월 4일 세계 최초로 발사한 소련의 인공위성이다.
2. 1957년 11월 3일, 스푸트니크 2호의 발사 장면을 담은 연속 사진이다.
3. 세계 최초의 유인 우주선 보스토크 1호이다.
4. 세계 최초의 우주인 가가린이 1961년 4월 우주에서 궤도 비행 중인 모습이다.
5. 1961년 4월 보스토크 1호의 발사 장면이다.
6. 보스토크 1호가 달 궤도를 돌고 있다.

세계 최초로 달에 착륙한 미국
1. 1969년 7월 16일, 아폴로 11호를 실은 새턴 V 로켓의 발사 연속 장면이다.
2. 아폴로 11호의 승무원들이다. 왼쪽부터 닐 암스트롱, 마이클 콜린스, 버즈 올드린이다.
3. 1969년 7월 20일, 아폴로 11호의 달 착륙선이 무사히 달 표면에 착륙했다.
4. 아폴로 11호의 승무원 버즈 올드린이 달 표면에 성조기를 꽂고 있다.
5. 버즈 올드린이 달 표면을 걷고 있다.

이렇게 미국과 소련은 한편으로는 평화 공존을 부르짖으면서도, 다른 한편으로는 우주 개발과 핵 미사일 개발에 더욱 열을 올렸어. 그러면서 두 나라는 강대국의 자리를 계속 지켜나가려고 했어. 이로 말미암아 핵전쟁의 공포도 더욱 커졌지.

반식민주의와 비동맹주의를 외치다

흐루쇼프가 평화 공존을 주장하기 직전인 1955년, 인도네시아 반둥에서 아시아·아프리카 회의가 열렸어. 반둥 회의라고도 해. 반둥 회의에는 아시아와 아프리카의 거의 모든 나라가 모였어. 하지만 남·북한, 타이완, 이스라엘, 남아프리카 공화국은 회의에 초대받지 못했지. 냉전에 너무 깊숙이 휘말린 나라나 인종 차별이 심한 나라는 제외된 거야.

반둥 회의에 참가한 나라들 사이에는 미국과 소련 중심의 냉전 질서에 맞서, 새로운 세계 질서를 만들어 나가자는 주장이 터져 나왔어. 이들은 왜 냉전에 반대했을까? 또 어떤 새로운 세계 질서를 주장했을까?

반둥 회의에 모인 나라는 대부분 제국주의 지배나 침략을 받은 적이 있었고, 새로 나라를 세운 지도 얼마 되지 않았어. 그래서 정치적, 경제적으로 강대국에게 지배받지 않고, 자신들의 힘으로 자유롭게 나라를 발전시키는 게 가장 큰 관심사였지. 그리고 이 나라들은 모든 제국주의와 식민주의에 반대했어.

그런데 미국과 소련은 서로 체제 경쟁을 펼치면서, 다른 나라에 영향력을 행사하려 했어. 또 두 나라가 주도하는 냉전 체제는 세계 평화에도 큰 위협이었지. 자연히 반둥 회의에 참가한 나라들은 자유롭고 독자적인 발전에 걸림돌이 되는 두 나라의 간섭과 냉전 체제를 거부하는 데 많은 노력을 기울였지.

반둥 회의가 열린 이듬해 7월, 북아프리카의 이집트 알렉산드리아에 수십만 명의 군중이 모였어. 자유 장교단이 왕정을 무너뜨리고, 공화정을 세운 지 꼭 4년이 되는 날이었지. 혁명 이후 정부는 토지 개혁과 사회주의 정책을 폈고, 이집트 국민의 열렬한 지지를 받고 있었어.

이윽고 한 사람이 군중의 환호를 받으며 연단에 올라섰어. 바로 나세르였어. 나세르는 자유 장교단을 이끌어 혁명을 성공시켰고, 몇 달 전 선거에서 압도적인 지지로 대통령이 되었지. 또한 반둥 회의에서 반식민주의와 중립주의를 내세우며, 아시아와 아프리카의 지도자로 떠오른 인물이었어.

"수에즈 운하는 이집트의 희생으로 만들어졌고, 이집트에 있습니다. 그런데 지금까지 부당하게 영국과 프랑스가 지배하고 있습니다. 이제 수에즈 운하를 되찾아야 합니다."

나세르가 수에즈 운하의 국유화를 선언하자, 전 세계가 깜짝 놀라 이집트를 주목했어. 수에즈 운하는 서아시아에서 유럽으로 석유를 실어 나르는 가장 중요한 통로였지. 이집트는 일찌감치 영국의 지배에서 벗어났지만, 수에즈 운하는 여전히 영국과 프랑스의 소유였어. 이것을 나세르가 국유화하겠다고 선언한 거야.

그러자 영국과 프랑스는 이스라엘을 끌어들여 이집트를 공격했어. 하지만 이집트는 이에 맞서 싸웠고, 아시아와 아프리카의 많은 나라와 소련이 영국과 프랑스를 비난했지. 미국까지 두 나라를 비난하고 나섰어. 미국은 이 지역에서 소련의 영향력이 커지는 것만큼은 막아야 했거든. 결국 영국과 프랑스는 이집트에서 물러났어. 마침내 이집트에 마지막까지 남아 있던 유럽의 식민주의가 완전히 끝이 난 거야.

유럽 식민주의에 대한 도전은 이웃 알제리에서도 이미 시작되고 있었어. 당시

알제리는 여전히 프랑스의 식민지였지. 1954년 11월, 알제리 곳곳에서 요란한 폭음과 총성이 울려 퍼졌어. 알제리 민족 해방 전선이 프랑스에 맞서 무장 봉기를 시작한 거야.

프랑스는 알제리만큼은 절대 잃을 수 없다고 생각했어. 겨우 몇 달 전 베트남에서 쫓겨났는데, 아프리카 지역에서마저 그럴 수는 없었지. 프랑스는 8년 동안 80만 명의 군대를 보내, 알제리 사람들을 학살하고 고문했어. 알제리 민족 해방 전선은 겨우 4만 명으로 이에 맞섰지. 무기와 병력이 크게 부족했지만, 게릴라의 습격, 테러, 파업을 벌이며 끈질기게 싸웠어.

아시아와 아프리카 나라들도 프랑스를 비난하며, 알제리 편을 들었지. 1962년, 마침내 알제리는 프랑스의 지배에서 벗어나 독립했어. 이후 알제리는 비동맹주의를 내세우며, 사회주의 경제 정책을 펼쳐 나갔지.

이집트와 알제리의 저항은 사하라 사막의 모래 바람을 뚫고, 서부 아프리카에도 전해졌어. 1957년, 영국의 식민지였던 황금 해안이 가나로 독립했지. 그 이후 아프리카에서는 반식민주의 해방의 물꼬가 터졌어. 1960년 한 해에만 무려 17개국이 유럽의 지배에서 벗어나, 새로운 국가를 세웠지. 그래서 1960년을 '아프리카의 해'라고 해. 그 뒤 1960년대 중반까지 아프리카 대부분 지역이 식민지의 굴레를 벗고 독립했어.

'아프리카의 해'가 지나고 그 이듬해인 1961년, 유고슬라비아의 베오그라드에서 비동맹 회의가 열렸어. 유고슬라비아의 티토, 인도의 네루, 이집트의 나세르를 비롯해 반둥 회의에 참가했던 대부분의 나라 지도자가 다시 한자리에 모였지.

"냉전과 군사 동맹은 우리 같은 약소국의 독립뿐 아니라 세계 평화에도 큰 위협이 됩니다. 우리는 어떤 동맹에도 들어가지 않고 서로 힘을 합쳐, 우리 문제를 스스로 해결하고 세계 평화를 지켜 냅시다."

아시아와 아프리카의 비동맹 국가들은 힘을 합쳐 미국과 소련이 중심이 된 냉전 질서에 과감하게 맞섰다.
그리고 자유롭고 독자적인 발전을 추구했다.

비동맹 운동[*]
자본주의와 사회주의 어느 세력과도 동맹을 맺지 않고, 독자적인 입장을 바탕으로 펼친 운동이다. 비동맹 운동을 통해 중립국의 단결로 평화와 집단적 이익을 추구하였다.

이 나라들은 냉전에 반대하며 비동맹을 선언했어. 비동맹 운동[*]은 미국과 소련 등 강대국이 좌지우지하던 세계 질서에 큰 충격을 주었지. 이후 비동맹 국가들은 냉전에서 점차 다른 문제로 관심을 넓혀 갔어. 바로 자국의 독립 보존과 경제 발전에 직접 영향을 미치는 문제들이었지. 당시 세계는 부자 나라와 가난한 나라의 빈부 차이가 줄어들기는커녕, 오히려 벌어지고 있었거든.

| 냉전 질서에 맞서는 목소리가 커지다 |

소련과 미국 사이에 평화 공존 분위기가 만들어지면서, 세계 곳곳에서 냉전 질서에 도전하는 목소리가 활발하게 터져 나왔어. 그 첫 번째 목소리는 소련의 간섭에 시달리던 헝가리에서 터져 나왔지. 흐루쇼프가 비밀 연설을 한 해인 1956년

오른쪽은 1956년, 소련의 탱크가 헝가리 부다페스트 시내를 순찰하고 있는 모습이다. 소련은 자유와 민주주의를 위한 부다페스트 시민들의 투쟁을 진압하기 위해 탱크를 보냈다.
왼쪽은 1956년 부다페스트의 시민들이 스탈린 동상을 부수고 있는 모습이다.

10월, 헝가리 사람들이 소련의 간섭과 공산당 일당 독재에 맞서 혁명을 일으켰어.

"소련군은 물러가라."

"다당제를 도입하고 자유선거를 실시하라."

결국 시민들의 지지 속에 새로운 사회주의 혁명 정부가 들어섰어.

"이제 소련식 사회주의에서 벗어나, 우리 헝가리 사람들이 원하는 사회주의를 만들어 갑시다."

새 혁명 정부는 소련과의 군사 동맹에서 벗어나 중립국이 되겠다면서, 바르샤바 조약 기구까지 탈퇴했어.

"아니, 바르샤바 조약 기구까지 탈퇴하다니, 이것만은 막아야 합니다. 동유럽의 다른 사회주의 국가들까지 헝가리처럼 나온다면, 우리 소련의 안보까지도 위험해집니다. 당장 군대를 보냅시다."

소련의 흐루쇼프는 군대를 보내 혁명 정부를 무너뜨렸어. 그렇지만 자유롭고 민주적인 발전에 대한 헝가리 사람들의 의지와 요구가 완전히 사라지지는 않았지. 헝가리 사람들은 조금씩 자유와 민주주의를 늘려 나가며, 동유럽 사회주의 국가 가운데 가장 자유롭고 번영하는 나라를 만들어 갔어.

아시아의 한국 사람들도 냉전 질서에 맞서 일어났어. 한국 전쟁이 끝난 뒤, 이승만 정부는 미국의 지원 속에 더욱 강력한 반공 정책을 폈지. 북한 공산당 독재와 침략에 맞서, '자유 민주주의'를 지키겠다고 큰소리치면서 말이야.

하지만 눈을 씻고 봐도 '자유 민주주의'는 없었어. 오히려 이승만 정부는 헌법을 뜯어고치고 부정 선거를 저지르며, 독재 권력을 이어갔지. 게다가 미국의 원조가 끊기면서 경제까지 어려워지자, 사람들은 점점 더 지쳐 갔어.

그런데 이승만 정부는 1960년 또다시 부정 선거를 저질렀어. 결국 사람들의 불만이 폭발했지. 그해 4월, 수십만 명의 학생과 시민이 반정부 시위를 시작했어. 결국 이승만은 대통령 자리에서 물러나 하와이로 망명을 떠났지.

통킹 만 사건[*]
1964년 8월 2일, 3척의 북베트남 배가 베트남 통킹 만에서 작전 중이던 미 해군 배를 어뢰와 기관총으로 먼저 공격했다는 사건이다. 이 사건은 미국이 본격적으로 베트남 전쟁에 참가하는 빌미가 되었다.

그 뒤 사람들은 헌법을 바꾸고 자유로운 선거로 새 정부를 수립했어. 그러고는 어떻게 자립 경제를 이룩하고 민주주의를 뿌리내릴지, 또 어떻게 통일을 이룰지를 두고 온갖 의견을 쏟아내기 시작했지. 이렇게 냉전의 최전선 한반도에서도 자유와 민주주의, 통일의 움직임이 싹트고 있었어. 하지만 그 싹은 곧 냉전 세력의 군홧발에 짓밟히고 말아.

1961년 5월 16일, 박정희 소장이 이끄는 군인들이 반공과 친미를 내세우며 쿠데타를 일으켰어. 미국 정부는 곧바로 쿠데타

위쪽은 1960년 4·19 혁명 당시의 모습이다. 시민들이 탱크 위에 올라 "이승만은 물러가라"는 구호를 외치고 있다.
아랫쪽은 베트남 전쟁 당시 베트콩 소녀가 미군에게 기관총을 쏘고 있는 장면이다.

를 지지했어. 박정희 정부는 더욱 강력한 독재 정치를 폈어. 하지만 한국 사람들은 굴복하지 않고 냉전 질서에 맞서 더 오래고, 힘든 싸움을 이어 나갔지.

한편, 베트남에서는 냉전 질서에 맞선 가장 커다란 싸움이 벌어졌어. 제네바 협정으로 프랑스가 베트남에서 물러난 것 기억나지? 그런데 이번에는 미국이 나섰어. 베트남이 공산주의 국가가 되는 것을 막겠다면서 말이야. 미국은 남베트남에 새 반공 정부가 들어서도록 도왔어. 남베트남 정부는 미국의 부추김으로 제네바 협정에서 약속했던 선거를 거부했지. 게다가 남베트남 정부는 모든 농민이 원하는 토지 개혁도 반대했어.

결국 참다못한 남베트남 사람들이 반란을 일으켰어. '베트콩'이라 불리는 남베트남 공산주의자들이 중심이었지. 그러자 북베트남의 호치민 정부가 이들을 도왔어. 이에 맞서 미국은 군수품을 주고 군사 고문단을 보내며, 비밀리에 남베트남 정부를 도왔지. 그러던 중 미국은 1964년에 일부러 통킹 만 사건*을 일으켰어. 그러고는 이 사건을 핑계 삼아 본격적으로 베트남 전쟁에 뛰어들었지.

베트남 사람들과 북베트남 정부는 미군과 남베트남 정부에 맞서 끈질기게 싸웠어. 전쟁이 길어질수록 미국의 피해는 점점 커졌어. 수많은 병사가 죽고, 재정 적자와 무역 적자도 눈덩이처럼 늘어났지. 또 세계 여러 나라뿐 아니라 미국 안에서도 미국 정부를 비난하며 전쟁을 반대하는 목소리가 높아졌어.

결국 1969년에 미국의 닉슨 대통령은 베트남에서 군대를 철수하겠다고 발표했어. 그리고 베트남 전쟁은 베트남 사람들에게 맡기겠다고 했지. 또 앞으로 아시아 다른 나라에서도 직접적인 군사 개입은 피하고, 경제 원조로 미국의 외교 정책 방향을 바꾸겠다고 했어. 이것을 '닉슨 독트린'이라고 해.

하지만 그 뒤로도 미국 정부는 협상에서 유리한 위치를 차지하기 위해 베트남을 계속 공격했어. 그러다 1973년 1월, 북베트남 정부와 파리 협약을 맺고 베트남 땅에서 철수했지. 베트남 사람들의 의지가 세계 최강의 미국을 꺾은 거야. 그 뒤 1975

년 남베트남 정부가 무너지고, 전쟁은 북베트남의 승리로 끝이 났어.

베트남 사람들이 미국에 맞서 끈질기게 싸우는 동안, 냉전 질서는 서서히 금이 가기 시작했어. 닉슨 독트린에서 나타난 것처럼, 미국은 베트남에서 패배의 쓴맛을 본 뒤로 외교 정책을 크게 바꾸었어. 반공을 앞세우던 냉전 정책을 포기하고, 대신 이념보다는 실리를 내세우기로 한 거야.

이 무렵 가장 강경하게 이념을 내세우던 중국 역시 실리를 좇기 시작했어. 중국은 소련이 평화 공존을 주장하자, 비판의 목소리를 높였지. 그러면서 소련과 사이가 멀어져, 1969년에는 두 나라 사이에 국경 분쟁이 일어났어. 위협을 느낀 중국은 이념이 다른 미국과 손을 잡고, 같은 사회주의 나라인 소련에 맞서기 시작했지.

이보다 앞서 프랑스는 북대서양 조약 기구를 탈퇴하고, 미국의 간섭에서 벗어나 독자적인 길을 걸었어. 그리고 서독에서는 평화 공존을 주장하는 브란트가 수상으로 당선되었어. 브란트는 1969년에 동독을 방문해 최초로 동서독 정상 회담을 했지. 그리고 동방 정책을 실시하여, 동유럽의 사회주의 국가들과 화해를 시도했어. 게다가 아시아와 아프리카 나라들까지 비동맹을 외치며 새로운 세력으로 등장했지.

바야흐로 세계는 미국과 소련이 주도하는 긴장과 대립의 시대에서 벗어나 점차 긴장 완화와 화해의 시대로 접어들기 시작했어.

클릭! 역사 속으로
비동맹주의 깃발을 내세운 티토

1961년 세계는 제3차 세계 대전을 눈앞에 두고 있는 듯했어. 자본주의 나라를 이끌던 미국과 공산주의 나라를 이끌던 소련이 맞서면서, 금방이라도 전쟁이 일어날 기세였지.

유고슬라비아의 대통령인 티토는 재빨리 아시아와 아프리카 나라들과 회의를 열었어. 티토는 일찌감치 소련의 눈치나 보며 살기보다는 유고슬라비아의 이익을 챙기면서 나라를 잘살게 하는 데 관심을 쏟았지. 사실 유고슬라비아처럼 골치아픈 나라도 드물었어. 다양한 민족, 여러 종교를 믿는 사람이 모여 있어서, 화약고를 안고 사는 것이나 다름없었지. 거기다 가난하기까지 했어.

티토는 여러 민족을 다독이며 경제 성장에 온 힘을 쏟았지. 그러다 이번 기회에 여러 나라를 끌어 모아 소련이나 미국의 간섭을 피하자는 비동맹 결의를 해야겠다고 생각했어. 회의는 베오그라드에서 열렸어. 이집트의 나세르, 인도의 네루, 아프리카의 은크루마 같은 각 나라의 지도자 25명이 모였지. 티토는 나서서 연설을 했어.

"우리는 평화를 원합니다. 평화를 위해서는 미국과 소련이 벌이는 냉전에 휘말릴 수 있는 어떤 조약에도 가입하면 안 됩니다. 또 다른 나라에 군사 기지를 두어서는 안 됩니다. 어느 나라나 핵 실험을 하면 안 됩니다. 유엔에서는 저개발 국가를 돕기 위한 기금을 만들어야 합니다. 아프리카의 인종 차별도 즉각 사라져야 하지요."

여러 나라 지도자들은 티토의 의견에 공감했어. 이 회의를 비동맹 수뇌 회의라고 불러. 티토가 주장한 비동맹 회의에는 참가하는 제3세계 나라가 해마다 늘어, 현재 120개 나라가 그 이념을 이어 가고 있어.

급속한 경제 성장의 빛과 그늘

1950년대에 자본주의 나라와 사회주의 나라는 경제 성장을 둘러싸고 치열한 체제 경쟁을 벌였단다. 그런데 1960년대로 접어들자, 사회주의 나라는 점차 활력을 잃기 시작했어. 이와 달리 자본주의 나라는 놀라운 경제 발전을 이어갔지.

이 무렵 사회주의 나라의 경제가 침체하고, 자본주의 나라가 눈부신 경제 성장을 했던 이유는 무엇일까? 그리고 눈부신 경제 성장으로 사람들의 삶은 어떻게 바뀌었을까?

| 사회주의가 경제 성장의 새로운 길을 찾다 |

1956년, 소련의 흐루쇼프가 스탈린을 비판하고 평화 공존을 부르짖은 것 기억나지? 흐루쇼프는 경제 정책도 바꾸어 나갔어. 이 무렵 소련은 심각한 경제 침체를 겪고 있었지. 사회주의 계획 경제의 비효율성이 드러나기 시작한 거야.

정부는 경제 수요를 빠르고 정확하게 파악할 수가 없었어. 결국 자원을 효율적으로 사용할 수가 없었지. 각 기업도 정부가 정해 준 목표량만큼만 물건을 만들어 내면 그만이라는 생각이었어. 당연히 물건의 품질은 나아지지 않았고, 새로운 과학 기술의 발전도 이루어지지 않았지.

그리고 중공업 발전을 우선하다 보니, 정작 사람들이 쓸 소비재는 늘 부족했어. 게다가 농민들의 반발을 억누르고 농업 집단화를 펼친 바람에, 식량 생산은 오히려 줄었어. 또한 자본주의와 경쟁하느라 군사비 지출을 계속 늘리는 통에, 경제 성장에

1968년 무렵 농민과 철강 노동자의 모습을 담은 소련의 포스터이다. 소련은 사회주의 계획 경제 체제 아래 농업의 집단화와 중공업 발전에 힘썼다.

필요한 돈도 부족했지. 뭔가 개혁이 필요했어.

흐루쇼프는 계획 경제의 틀을 유지하면서도, 다양한 형태로 경제 개혁을 펼치기 시작했어. 국방비를 줄이고, 농업과 소비재 공업을 발전시키려고 했지. 또 중앙 정부 기구의 권한도 상당 부분 각 지방에 넘겨주었어. 하지만 그의 개혁은 실패로 돌아갔어. 결국 1964년 흐루쇼프가 쫓겨나고, 브레즈네프가 소련의 새 지도자가 되었지.

브레즈네프는 정치에서는 통제를 강화했어. 대신 경제에서는 1966년, 시장 경제의 원리를 일부 받아들이는 개혁 정책을 폈어. 기업에게 일부 자율성을 주고, 높은 이윤을 달성한 기업과 개인에게 그만큼 상여금을 주었지. 이런 식으로 자본주의 시장 경제의 원리를 일부 받아들여서, 경제의 효율성을 높이고 제품의 품질을 끌어올리려고 한 거야. 하지만 이런 경제 개혁도 큰 성과를 거두지 못하고 2년 만에 중단되었어. 소련은 다시 이전의 중앙 집권적인 계획 경제로 돌아갔지.

한편 1963년 동독을 시작으로 체코슬로바키아, 폴란드 같은 동유럽 사회주의 나라에서도 비슷한 경제 개혁이 펼쳐졌어. 특히 체코슬로바키아에서는 1968년에

둡체크*
체코슬로바키아의 정치가이다. 1968년에 공산당 제1서기가 되었다. 그리고 체코슬로바키아에서 일어난 프라하의 봄을 이끌었다. 하지만 프라하의 봄이 소련군의 진압으로 실패로 끝나자, 그 책임을 지고 1970년에 공산당에서 추방되었다.

개혁파인 둡체크*가 대중의 지지를 한 몸에 받으며, 새로 공산당 지도자가 되었지. 그는 경제 개혁과 함께, 당과 사회의 민주화를 강력하게 추진했어. 그러면서 '프라하의 봄'이 찾아왔지.

하지만 둡체크가 소련식 사회주의 체제에서 벗어나 체코슬로바키아 나름의 사회주의 사회를 세우려고 하자, 소련 정부는 위기감을 느꼈어. 그래서 바르샤바 동맹군 50만 명을 보내 체코슬로바키아를 점령했지. 그리고 둡체크를 잡아갔어. 이후 체코슬로바키아 당과 정부는 정치 반대 세력을 억누르는 한편, 경제를 발전시키는 데 온 힘을 기울였지.

문화 대혁명 당시 집단 농장에서 농민들이 일하다 쉬는 시간에 마오쩌둥의 책을 읽고 있다. 문화 대혁명 때 많은 학생이 시골의 집단 농장에 내려가 일을 했다.

한편 1960년대 초, 중국에서도 경제 개혁이 펼쳐지고 있었어. 대약진 운동의 실패로 마오쩌둥이 물러난 뒤, 류사오치와 덩샤오핑 등이 권력을 잡았어. 이들은 먼저 사람들의 생활을 나아지게 하는 게 급하다고 생각했지. 그래서 필요하다면 자본주의 경쟁 방식을 받아들이고, 사람들이 시장에서 상품을 사고팔 수 있게 했어.

뒷자리로 물러나 있던 마오쩌둥은 몹시 못마땅했어. 류사오치와 덩샤오핑 등이 중국을 자본주의로 이끈다고 생각했지. 소련이나 동유럽의 이런저런 개혁도 못마땅하기는 마찬가지였어. 마오쩌둥은 사회주의 사상을 다시 바로 세워야 한다고 생각했지. 하지만 마오쩌둥은 당 안에서 힘이 없었어. 그래서 도시의 청년들을 지지 세력으로 끌어들였지. 1966년 8월, 베이징의 톈안먼 광장은 수많은 젊은이로 발 디딜 틈이 없었어. 마오쩌둥을 지지하는 홍위병들이었지. 이들은 한목소리로 외쳤어.

"사회주의 사상과 문화를 바로 세우자."

"봉건 잔재와 자본주의 잔재를 부수어 버리자."

이를 시작으로 10년에 걸친 '문화 대혁명'이 펼쳐졌어. 문화 대혁명 시기 동안 중국 전체가 계급 투쟁과 혁명으로 날 새는 줄 몰랐어. 전통 문화가 파괴되고 산업, 과학 기술, 교육이 큰 피해를 입었지. 그 결과 중국 전체는 큰 혼란에 빠져들었고, 이로 말미암아 경제도 침체를 벗어나지 못했어. 그러던 중 1976년에 마오쩌둥이 죽었어. 그 뒤 권력을 잡은 덩샤오핑은 중국의 새 길을 찾아 나서게 돼.

자본주의의 황금시대가 펼쳐지다

1960년대 말, 미국과 유럽, 일본 등 선진 자본주의 나라는 눈부신 경제 성장을 이어 가고 있었어. 20년이 넘는 장기 호황이 펼쳐졌지. 특히 서독과 일본의 빠른 경제 성장은 기적이라는 말이 나올 정도였어.

장기 호황이 20년 넘게 이어진 데는 과학 기술의 발전이 대단히 중요한 역할을 했지. 과학 기술은 특히 제2차 세계 대전과 냉전을 거치는 동안 더욱 눈부시게 발전했어.

미국을 비롯한 여러 나라는 신무기 개발에 엄청난 돈을 쏟아부었어. 국방과 핵에너지, 우주 개발, 컴퓨터 분야 등에서 엄청난 기술 혁신이 일어났지. 이에 따라 군수 산업은 물론, 우주와 전자, 컴퓨터 산업이 크게 발전했어. 군사 분야의 기술 혁신은 산업 분야의 기술 혁신으로 이어졌어.

그 덕분에 라디오, 텔레비전, 냉장고, 에어컨, 세탁기 같은 가전제품은 해마다 새로운 모델이 나왔고, 성능은 하루가 다르게 좋아졌지. 또 이런 제품의 소재를 만드는 생산재 공업도 크게 발전했어. 합성 섬유와 합성 수지 같은 석유 화학 제품과 철강 제품, 펄프 등을 만드는 공업 말이야. 그리고 자동차, 항공기, 유조선 같은 교통 수단이 더욱 발달해, 더 많은 제품을 더 빠르게 실어 나를 수 있게 되었어.

과학 기술의 발전과 함께 자유 무역 체제도 더욱 강화되었어. 장기 호황 기간 동안 자본주의 나라들의 공업 생산은 해마다 평균 5.6퍼센트, 국제 무역은 7.3퍼센트씩 늘어났지. 생산보다 무역이 더 빨리 늘어났어. 자유 무역이 세계의 경제 성장을 이끈 것을 알 수 있어.

자유 무역 체제는 미국이 주도하는 2개의 기둥이 떠받치고 있었어. 하나는 '관세 및 무역에 관한 일반 협정(GATT)'이었어. 나라와 나라 사이에 무역 장벽을 없애고, 특히 관세 장벽을 낮추려고 만들었지. 또 하나는 국제 통화 기금(IMF)이었어. 국제 통화 기금은 금이나 달러를 기준으로, 각 나라의 환율을 일정하게 정해 놓고, 달러가 부족한 나라에게는 달러도 빌려 주었지.

미국은 자유 무역 체제를 통해, 미국 기업이 국경을 자유롭게 넘나들기 좋은 환경을 만들었어. 그 덕분에 미국의 다국적 기업들이 전 세계 사람들을 상대로 사업을 하면서, 세계 경제를 쥐락펴락했지. 어느 정도였냐고? 이 무렵 전 세계의 50개 다국적 기업이 세계 총 생산의 10퍼센트 이상, 국제 투자의 30퍼센트 이상을 떠맡았어. 그런데 그중에서 절반이 미국계 기업이었지.

제너럴 모터스, 제너럴 일렉트릭 같은 미국의 다국적 기업은 이 무렵 가장 앞선 기술력을 자랑하고 있었어. 그리고 세계 곳곳에 공장을 세우고, 그곳의 값싼 노동력을 이용해서 상품을 만들었지. 질 좋고 값싼 미국 다국적 기업의 상품들은 높은 인기를 끌었어.

전 세계 사람들은 미국 상품을 통해 미국 문화와 가치관에도 익숙해졌어. 예를 들어, 코카콜라 회사는 세계 각지에 공장을 세워 전 세계 사람들에게 코카콜라를 팔았어. 코카콜라는 전 세계 사람들의 입맛을 사로잡았지. 맥도널드의 햄버거 역시 코카콜라와 마찬가지였어. 코카콜라와 햄버거는 미국의 패스트푸드 문화와 생활 방식의 상징이 되었지. 여기에 할리우드 영화까지 사람들의 눈과 마음을 사로잡았어. 사람들은 할리우드 영화를 보고 또 보면서, 자기도 모르는 사이에 미국 사람들의 생활 방식과 사고방식을 따라가기 시작했지.

한편 이 무렵 미국과 유럽의 수정 자본주의와 복지 정책은 사람들의 생활을 좀 더 안정되고 여유 있게 만들었어. 미국 정부는 대공황의 끔찍한 기억을 떠올리며, 생산 활동과 사회 복지에 적극 나섰지. 유럽 여러 나라도 사회 보장 제도를 더욱 강화했어. '요람에서 무덤까지' 인간의 기본 생활을 국가가 책임지게 되었지. 또한 노동자를 함부로 해고하지 못하게 하고, 노동 조건을 끌어올리는 데에도 많은 노력을 기울였어.

1960년대 미국의 풍요
1. 업무용 컴퓨터가 갖춰진 사무실이다.
2. 온 가족이 차를 타고 나들이를 하고 있다.
3. 1960년대 미국의 로큰롤 가수인 엘비스 프레슬리가 노래를 부르고 있다.
4. 미국의 대표적인 유흥 도시인 라스베이거스의 휘황찬란한 간판이다.
5. 코카콜라 광고 포스터이다.
6. 가족들이 휴가지의 모텔에서 수영을 즐기고 있다.
7. 1960년대 미국 자동차 광고이다.

그 덕분에 노동자를 비롯한 일반 대중들은 물질적 풍요를 한껏 누렸어. 거의 집집마다 자가용, 텔레비전, 냉장고, 세탁기가 있었고, 많은 사람이 해외여행을 즐겼지. 이런 생활은 20세기가 시작되었을 때만 해도 세계 최고의 갑부조차 누릴 수 없는 생활이었어. 그런데 이제 평범한 노동자들이 이런 풍요로운 생활을 누리게 된 거야. 그야말로 '성장과 풍요의 황금시대'였어.

한편 1960년대와 1970년대를 거치면서, 선진 자본주의 나라들을 먼발치에서 부러워만 하지 않고 새로운 공업국으로 빠르게 올라선 나라들이 있어. 남아메리카의 멕시코·브라질, 아시아의 한국·타이완·홍콩·싱가포르가 바로 그런 나라였어. 그중에서도 타이완과 한국이 대표적인 나라였지.

1960년대부터 타이완의 장제스 정부는 수출을 강조하는 새로운 경제 정책을 폈어. 그러면서도 국내 시장과 중소기업을 계속 중시했지. 1970년대부터는 중화학 공업을 발전시키며, 기술 개발에도 힘을 쏟았어.

한국에서도 박정희 정부가 수출 중심의 경제 개발 계획을 시작했어. 정부는 '수출만이 살 길'이라며, 외국에서 돈과 기술을 들여와 대기업에 집중 지원했어. 또 수출을 돕기 위해 경부 고속도로며 항구도 만들었지. 1970년대로 접어들자 정부는 포항 제철을 시작으로 철강, 조선, 화학, 기계 등 중화학 공업에 엄청난 돈을 쏟아 부었어.

타이완과 한국의 경제 성장은 눈부셨어. 그런데 경제 성장을 이끈 것은 정부였지만, 경제 성장의 발판을 마련한 주인공은 국민이라고 할 수 있어. 두 나라 국민은 다른 어느 나라보다도 교육 수준이 높았지. 게다가 잘살겠다는 의지도 강하고 부지런히 일했어.

그런데 경제가 성장하는 동안 타이완에 비해 한국에서는 노동자와 농민의 희생

1960년대 세계의 경제 성장이 이어지는 동안 잘 사는 나라와 못 사는 나라,
잘 사는 사람과 못 사는 사람 사이의 불평등과 차별은 더욱 심해졌다.

이 더 컸어. 정부가 수출 가격을 낮추려고 농산물 가격과 노동자의 임금을 낮게 유지했거든. 그러면서 사회의 양극화 현상이 심해졌지.

선진국과 후진국의 차이가 더욱 벌어지다

선진 자본주의 나라를 중심으로 세계 곳곳에서 눈부신 경제 성장이 일어나자, 많은 사람이 물질적 풍요를 누리게 되었어. 하지만 새로운 문제도 생겨났지.

우선 인구가 엄청나게 빠른 속도로 늘어나기 시작했어. 19세기 초, 세계 인구는 10억 명이었어. 현생 인류가 처음 등장하고 수만 년이 걸렸지. 그리고 1927년, 100여 년만에 세계 인구는 20억 명이 되었어. 그 뒤로 인구 증가 속도는 점점 빨라졌어. 1960년에는 30여 년 만에 30억 명이 되었어. 1974년에는 다시 40억 명으로 늘어났지. 경제가 갈수록 빠르게 성장하고 과학 기술, 특히 의학이 눈부시게 발전했기 때문이야.

이처럼 인구가 엄청나게 늘어나자 식량 부족이 심각한 문제로 떠올랐어. 19세기 초에 비해 식량 생산 역시 크게 늘어나긴 했지만, 인구 증가 속도가 워낙 빨랐거든. 게다가 식량 생산이 모든 지역에서 골고루 늘어난 것도 아니었지. 그래서 아프리카 같은 곳에서는 수많은 사람이 굶어 죽기도 했지.

또 한 가지 문제는 자원이 점점 줄어들었다는 거야. 20세기 초 하루에 수천 배럴이던 세계 석유 소비량이 수천 배로 늘어났어. 하지만 석유는 언젠가는 바닥이 나게 마련이지. 석유뿐 아니라 가스, 석탄, 철광석 같은 천연자원 역시 한 번 쓰고 나면 없어지지. 다시 생기려면 엄청나게 긴 시간이 필요해. 이에 따라 자원 부족을 걱정하는 사람이 하나둘 늘어났어.

경제 성장이 가져온 문제는 또 있었어. 환경 오염과 생태계 파괴였지. 석탄과 석유 같은 화석 연료를 많이 사용하면서 대기 중에 이산화탄소가 늘어났어. 그러자 기온이 점점 올라가면서 전 세계에 홍수며 가뭄 같은 기상 이변이 잦아졌지.

또 식량 생산이나 목재와 펄프를 얻기 위해 나무를 마구 잘라 내면서, 숲도 점점 줄어들었어. 공장에서 나오는 폐수로 땅과 물도 오염되었지. 이처럼 생태계가 빠른 속도로 파괴되자, 인간의 생존 역시 크게 위협받기 시작했어.

그런데 경제 성장으로 모든 인류가 골고루 풍요를 누린 것도 아니었어. 잘사는 나라와 못사는 나라, 잘사는 사람과 못사는 사람의 차이가 점점 더 벌어졌지. 빈부 격차는 옛날에도 있었지만, 인류의 생활을 근본적으로 위협할 만큼 심각하지 않았어.

하지만 1960년대에 선진 자본주의 국가와 나머지 나라 사이의 격차는 더 벌어졌어. 아시아와 아프리카 여러 나라는 정치적으로는 식민지에서 벗어나 독립했지만, 경제적으로는 산업이 발달한 선진 자본주의 국가에 크게 얽매인 채 뒤처져 있었어. 이들 나라는 선진 자본주의 국가들의 오랜 침탈에 시달리느라 경제 발전에 필요한 돈을 모을 수도, 기술을 개발할 수도 없었지.

결국 아시아와 아프리카 여러 나라는 선진 자본주의 국가에 계속 의지하며 살아갈 수밖에 없었어. 지하자원이나 농산물을 싼값에 선진국에 팔고, 선진국의 공업 제품을 비싼 값에 사다 써야 했지. 선진국은 더욱 부자가 되었고, 후진국은 가난을 벗어날 길이 없었어. 선진국과 후진국의 빈부 차이는 점점 더 벌어졌지.

이처럼 많은 사람이 경제 성장이 가져온 풍요를 한껏 즐기는 사이, 인류와 지구는 점점 위기 속으로 빨려 들어갔어.

> 클릭! 역사 속으로
> # 자신을 불살라 세상을 밝힌 전태일

"근로 기준법을 지켜라!"

"우리는 기계가 아니다! 일요일은 쉬게 하라!"

"나의 죽음을 헛되이 하지 말라!"

한국에서 경제 성장이 한창이던 1970년 11월 13일, 서울의 청계천 평화 시장에서 한 청년 노동자가 자기 몸에 기름을 끼얹고 불을 붙였어. 그 청년 노동자는 근로 기준법을 손에 움켜쥔 채 마지막 숨이 다하는 순간까지 구호를 외쳤지.

이 청년 노동자의 이름은 전태일이었어. 전태일은 열여섯 살에 평화 시장의 옷 만드는 회사에 들어갔어. 힘든 생활 끝에 열심히 기술을 배워 마침내 재봉사가 되었지.

"이제 부모님을 편히 모실 수 있게 되었어. 나도 가난 때문에 포기했던 공부를 다시 시작해야지."

하지만 전태일은 그 꿈을 이루지 못했어. 평화 시장에서 일하는 나이 어린 소녀들 때문이었지. 평화 시장에서는 나이 어린 소녀들이 일요일도 쉬지 못한 채, 하루 70원을 받고 열여섯 시간씩 일했어. 전태일은 나이 어린 소녀들의 고통을 외면할 수 없었지. 전태일은 이들을 위해 살아야겠다고 결심했어.

그 뒤부터 전태일은 모임을 만들어 근로 기준법 준수를 요구하고, 평화 시장 노동자들의 노동 조건이 얼마나 부당한지 알리는 일에 앞장섰어. 그리고 노동조합을 만들어 노동 환경을 개선하기 위해 많은 노력을 기울였지. 하지만 전태일의 노력은 사업주와 정부의 약속 위반으로 번번이 실패로 돌아갔어. 결국 전태일은 노동자의 비참한 현실을 널리 알리고, 열악한 노동 조건을 바꾸기 위해서는 자기 몸을 불사르는 길밖에 없다고 결심했지.

전태일의 죽음은 노동자들의 비참한 삶을 나 몰라라 하던 정부와 사회에 무거운 경각심을 심어 주었어. 그리고 억눌려 지내던 노동자들이 힘을 뭉쳐 자신들의 목소리를 내는 중요한 계기가 되었지.

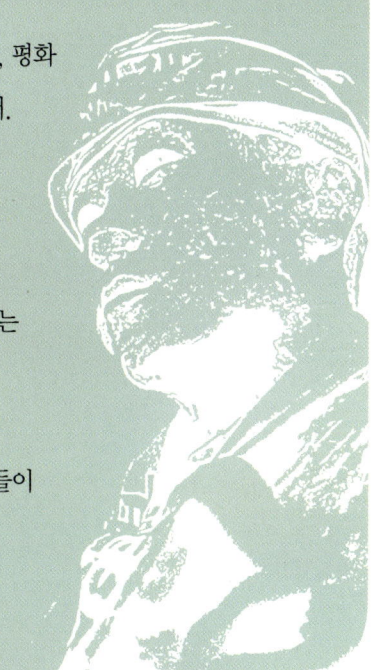

기존 질서에 저항하는 새로운 움직임

1960년대 말, 세계 곳곳에서는 기존 질서를 바꾸려는 움직임이 일어났어. 흑인 운동, 여성 운동, 청년 운동이 거의 동시에 일어났지. 여기에 환경 보호를 부르짖는 목소리까지 터져 나왔어. 그것도 미국, 서유럽, 일본 등 선진 자본주의 나라들이 눈부신 경제 성장과 함께 풍요의 절정을 누리던 순간에 말이야. 이 무렵에 왜 이런 움직임이 한꺼번에 일어났을까? 또 그들의 목소리는 어떤 변화를 이뤄 냈을까? 그 궁금증을 함께 풀어 보자꾸나.

흑인과 여성이 자신들의 권리를 주장하다

1960년대가 되자, 세계 곳곳에서 여러 차별에 항의하는 목소리가 점점 커졌어. 특히 미국에서 인종 차별과 성차별 반대 움직임이 활발하게 일어났지.

당시 미국은 민주주의와 물질적인 풍요를 자랑하고 있었어. 하지만 흑인에게는 해당되지 않았어. 특히 미국 남부에서 흑인들은 여전히 심한 차별에 시달리고 있었지. 어디를 가든 백인과 흑인 사이에는 유리벽이 있는 것처럼 보였어.

학교, 식당, 교회, 공원, 운동장, 화장실도 따로 있었고, 버스를 타도 백인은 앞쪽, 흑인은 뒤

흑인 민권 운동을 이끈 마틴 루서 킹 목사이다. 킹 목사는 평화로운 방법을 통해 인종 문제를 해결하려 했고, 1964년 노벨 평화상을 받았다.

쪽에 앉았지. 피부색이 다르다는 이유로, 백인들은 흑인을 같은 인간으로 여기지 않았단다. 흑인은 시민으로서 투표권도 행사할 수 없었어. 예전에 미국 흑인은 백인의 노예였어. 그런데 이제는 백인 아래의 '2등 시민'이었지.

하지만 이미 흑인은 예전의 흑인이 아니었어. 흑인들의 사회 활동이 넓어질수록, 이들의 불만도 점점 쌓여 갔지.

"미국은 민주주의 나라 아닌가? 그리고 흑인도 백인과 같은 인간이고, 같은 미국 시민 아닌가? 그저 피부색이 다른 것뿐인데, 우리가 왜 차별받아야 하지?"

그러던 중 1955년, 앨라배마에서 한 흑인 여성이 버스 앞좌석에 앉았다는 이유로 체포되었어. 이 사건을 계기로 흑인들은 인종 분리와 차별에 반대하는 운동을 펼쳤지. 이때 마틴 루서 킹 목사가 지도자로 떠올랐어.

킹 목사는 간디의 비폭력주의와 기독교 원칙에 따라, 비폭력으로 흑인 차별 반대 운동을 이끌었어. 차별 반대 운동은 미국 남부와 온 나라로 퍼져 나갔지. 경찰이 최루탄을 쏘고 전기봉을 휘둘렀지만, 흑인들은 끝까지 비폭력을 지키며 물러서

1963년 8월 28일, 워싱턴에서 벌어진 '자유를 위한 행진'의 한 장면이다. 수많은 사람이 흑인의 권리를 주장하는 피켓을 든 채 워싱턴 기념탑을 지나고 있다.

지 않았어. 이 장면을 텔레비전으로 지켜본 양심적인 백인들도 흑인들에게 힘을 보태기 시작했지.

1963년 8월, 미국의 수도 워싱턴에서 25만 명의 흑인과 백인이 '자유를 위한 행진'을 벌였어. 마틴 루서 킹 목사는 링컨 기념관 앞에서 이렇게 연설했지.

"나에게는 꿈이 있습니다. 나의 네 자녀가 피부색이 아니라 인격에 따라 평가받는 나라, 그런 나라에서 사는 날이 오리라는 꿈입니다."

1964년, 마침내 미국의 존슨 대통령은 민권법에 서명했어. 인종·피부색·종교·국적에 따른 차별을 없애는 법이었지. 이후 일자리, 투표, 공공장소에서 흑인을 차별하는 것은 법으로 금지되었어.

그 뒤로 킹 목사와 흑인들은 새로운 싸움을 시작했어. 경제적 불평등을 해결하기 위한 싸움이었지. 가난과 실업 문제가 심각했지만, 그동안 인종 차별과 선거권 문제에 가려 별 관심을 못 받았거든.

그런데 흑인 중에는 킹 목사와 생각이 다른 사람들도 있었어. 이들은 킹 목사와 달리 혁명을 통해 흑인의 나라를 따로 세우자고 주장했지. 물론 흑인 국가를 세우는 데는 실패했어. 하지만 '블랙 파워'나 '검은 것이 아름답다' 같은 구호를 내세우면서, 미국 흑인들의 자부심을 키워 나갔지.

흑인들이 자신의 권리를 주장하며 싸우는 동안, 여성도 자신의 목소리를 내기 시작했어. 이미 많은 여성이 공장을 비롯해, 사회 각 분야에서 활발히 활동하고 있었지. 제2차 세계 대전과 전후 경제 성장 시대를 거치면서, 여성의 사회 참여가 활발해진 거야.

하지만 똑같은 일을 해도 임금은 남성보다 적었고, 높고 중요한 자리는 늘 남성 차지였어. 게다가 직장에 다니다가도, 임신과 출산 때문에 쫓겨나는 일이 많았지. 또 많은 여성이 일자리를 원했지만, 늘 남성 다음 차례였어. 여자들 머리 위에는 보이지 않는 유리 천장이 있는 것 같았지.

베티 프리던도 결혼 후 둘째 아이를 가지면서, 직장을 그만둬야 했어. 그녀는 출산 휴가를 신청했지만, 돌아온 것은 해고 통지서였지. 그녀의 자리는 출산 휴가 같은 것이 필요없는 남자가 차지했어. 그 후 오랫동안 프리던은 평범한 가정주부로 살아야 했지.

1970년 8월, 미국의 여성 운동가인 베티 프리던이 여성 평등권을 주장하며 뉴욕에서 시위를 하고 있다.

그러던 어느 날, 프리던은 프랑스의 여성 철학자 시몬 드 보부아르의 『제2의 성』을 읽게 돼. 보부아르는 남성이 제1의 성이라면, 여성은 제2의 성으로 차별받고 있다고 주장했지. 여성은 여전히 남성의 지배 아래 있다는 거야. 또한 '여성은 태어나는 게 아니라 만들어진다'고 주장했어. 여성은 처음부터 여성의 생각과 행동을 갖고 태어나는 게 아니라, 자라면서 배운다는 거야.

프리던은 보부아르의 책을 읽고 큰 충격에 빠졌어. 그녀는 임신 때문에 직장을 그만두어야 했던 지난날을 떠올렸지. 프리던은 여자 동창생들이 어떻게 살고 있는지 궁금했어. 그들도 가정에 매인 채 하루하루를 살아가고 있었어.

"그래, 여성에게 참정권만 있다고 남녀평등은 아니지. 여성도 남편과 아이들 뒷바라지에서 벗어나, 사회 활동을 할 수 있어야 해. 그러려면 더 많은 교육을 받

아야 하고, 임신과 출산에도 방해받지 않고 일할 수 있는 사회를 만들어야 해. 그래야만 진짜 남녀평등을 이룰 수 있어."

1963년, 프리던은 『여성의 신비』라는 책을 펴냈어. 책은 300만 부가 넘게 팔려 나갔지. 그 뒤 뜻을 같이하는 여성들과 여성 운동 단체를 만들었어. 그리고 여성 교육과 취업을 확대하기 위해, 법률과 제도를 바꾸는 운동에 나섰지. 여성의 사회 참여 요구에 발맞추어, 1965년에는 결혼한 여성에게 피임약을 파는 것도 합법화되었어. 그 덕분에 여성들은 원하지 않는 임신의 위험에서 벗어났지.

그 후 유럽과 일본 같은 선진국은 물론, 아시아의 신흥 공업국을 비롯해 많은 나라에서 여성 운동이 매우 활발하게 일어났어. 이와 함께 여성의 사회 진출과 권리도 더욱 늘어났지.

젊은 세대가 근본적인 변화를 꿈꾸다

1960년대, 풍요의 한복판에서 흑인과 여성들만 변화를 외친 것은 아니었어. 젊은 세대 역시 변화를 요구하는 목소리를 높였지. 그 목소리는 미국, 프랑스, 독일, 일본 등 여러 나라에서 마치 약속이라도 한 듯이 한꺼번에 터져 나왔지.

1960년대에 이들 나라에서는 경제가 아주 빠르게 발전했어. 그러면서 기업들은 단순 기술자보다 사무직이나 전문 기술자가 많이 필요해졌지. 이에 발맞추어 많은 대학이 새로 세워졌고, 대학생 수 역시 불과 10년 동안에 거의 2~3배나 늘었지.

그런데 1960년대의 젊은 세대는 부모 세대와 큰 갈등을 겪고 있었어. 경험이나 생각이 달랐기 때문이지. 부모 세대는 대공황이나 전쟁 같은 큰 어려움을 겪으며, 전후의 놀라운 경제 성장과 물질적 풍요를 만들어냈지. 부모 세대는 자신들이 이룬 성취에 만족하고, 자랑스러워했지. 그래서 젊은 세대에게 자신들의 가치며 삶의 방식을 무조건 따르라고 요구했어. 그렇지만 젊은 세대는 대공황과 전쟁도 경험하지 않았고, 어려서부터 물질적인 풍요를 누리며 살았지. 그래서 부모 세대들이 너무 일방적이고 권위적이라며 반발했지.

젊은 세대들이 자유롭고 활기찬 생활을 꿈꾸며 들어간 대학 역시 억압적이고 권위적이기는 마찬가지였지. 학생 수는 엄청나게 늘어났는데, 강의실은 그대로여서 발 디딜 틈도 없었어. 교수들은 늘 지루하고 똑같은 이야기만을 늘어놓았지. 게다가 온갖 학칙을 들이대며 학생들의 자유를 억누르기만 했지. 학생들은 대학의 억압적인 분위기에 숨이 막혔지. 그러면서 학생들의 불만은 쌓여 갔지.

그러던 중 미국의 캘리포니아 버클리 대학에서 학생들의 불만이 터지는 사건이 일어났어. 1964년 가을, 흑인 민권 운동에 참여했던 학생들이 학교에서 민권 운동을 지지하는 활동을 폈어. 그러자 대학에서는 학생들이 학교에서 그런 활동을 하는 것은 학칙에 어긋난다며 가로막았지. 학생들은 자유로운 학생 활동과 대학 개혁을 요구하며 맞섰지.

이렇게 버클리 대학에서 시작된 학생들의 대학 개혁 운동은 순식간에 미국의 다른 대학까지 번졌지. 이 무렵 유럽과 일본의 여러 대학에서도 비슷한 움직임이 활발하게 일어났어.

학생들은 대학 개혁 운동을 펼치는 한편, 불평등, 차별, 전체주의 같은 사회의 여러 문제점에 대해서도 비판 의식을 키워 나갔어. 이때 사르트르나 마르쿠제 같은 지식인의 주장에서 많은 영향을 받았지.

1960년대 청년 운동

1. 1962년 한 미국 대학생이 언론 자유를 요구하는 연설을 하고 있다.
2. 1968년 8월 23일 체코의 대학생들이 "더는 결코 소련과 함께 하지 않겠다!"는 글귀가 적힌 현수막을 들고 행진하고 있다.
3. 1968년 프랑스 대학생들이 거리를 가득 메우고, 프랑스 정부의 정책에 항의하고 있다.
4. 1968년 미국 시카고에서 대학생들이 베트남 전쟁을 반대하는 시위를 벌이고 있다.

"자본주의 사회에서 사람들은 풍요를 누리지만, 거대한 기계의 부속품 같은 신세가 되었다. 소련의 사회주의 역시 사람들의 자유를 억누르는 것은 마찬가지다. 단순히 사회 구조를 바꾼다고 사람들의 삶이 더 자유로워지고 사회가 더 나아지는 것은 아니다. 우리의 일상생활이며 문화를 새롭게 바꿔 나가야 한다."

학생들은 낡은 질서와 문화에 저항하며 차츰 새로운 문화를 만들어갔어. 긴 머리에 청바지나 미니스커트를 입고, 비틀스 같은 가수의 음악에 빠지고, 자유로운 연애를 즐겼지. 부모 세대가 정한 가치와 삶의 방식을 비웃으며 기존 질서에 저항한 거야.

한편 베트남 전쟁은 미국, 유럽, 일본 등 여러 나라 학생들의 저항 운동을 하나로 묶는 역할을 했어.

"강대국인 미국이 베트남을 상대로 벌이는 전쟁은 부도덕한 전쟁이다. 그리고 강자 중심의 기존 질서가 얼마나 잘못되었는지를 보여 주는 가장 확실한 증거다."

학생들은 기존 질서에 대한 저항의 뜻을 담아서 베트남 전쟁 반대 운동을 펼쳐 나갔어. 그리고 나라와 지역을 뛰어넘어 서로 의견을 주고받고 협력했지.

그런데 1968년 초에 미군의 대규모 공습으로 수많은 베트남 민간인들이 죽고 다치는 사건이 일어났어. 이 모습은 신문과 방송을 통해 전 세계에 생생하게 전해졌지. 미국, 유럽 등 세계 여러 나라에서 분노한 학생들의 시위가 거의 동시에 일어났어.

"미국은 베트남에서 즉각 물러나라!"

"우리는 새로운 질서와 평화를 원한다!"

그러던 중 5월 초에 프랑스 파리에서 가장 크고 거센 시위가 일어났어. 백만 명 이상의 사람들이 시위와 점거, 연좌 농성에 참가했지. 열띤 시위 분위기는 거의 한 달 가량 이어졌지. 그러다가 어느 순간 시위가 빠르게 잦아들었어. 폭력을 사용하는 문제를 두고 시위대 내부에서 서로 의견이 갈리고, 시위가 계속 이어지면서 모두 지쳤기 때문이지. 다른 나라에서도 사정은 비슷했어.

결국 1968년에 세계 곳곳을 휩쓴 학생들의 대규모 저항 운동은 당장 정부를 무너뜨리지도, 사회 제도를 바꾸지도 못한 채 끝이 났지. 그럼 학생들의 저항 운동은 실패한 것일까? 꼭 그렇지는 않아. 1968년 저항 운동을 겪으면서 많은 사람이 세상을 이전과는 다른 눈으로 바라보기 시작했어. 사람과 사람의 관계도 크게 바뀌었지. 당시 파리에서 살았던 한 사람은 자신이 경험한 변화를 다음처럼 적었단다.

"꼭 어느 날이라고 집어낼 수는 없지만 갑자기 모든 것이 변했다. 하루아침에 19세기에서 20세기로 건너뛴 것 같다. 사람들은 격식과 존댓말 대신 서로 편하게 말을 하고, 너라고 불렀으며, 옷을 입는 모습도 예전 같지 않았다. 젊은 사람들은 자유롭게 껴안고 키스했다. 노동자도 사람들과 토론하기 위해 책방에 들렀다."

1969년 8월, 미국 우드스턱에서 열린 대규모 록 음악 축제의 모습이다. 축제에 참가한 40만 명이 넘는 젊은이들은 기성 세대에 대한 저항과 자유를 마음껏 표현했다. 우드스턱 축제는 1960년대 젊은 세대의 새로운 문화를 대표하는 행사였다.

또한 1968년 이후에 많은 사람이 일상생활과 문화를 변화시키는 일에 나섰어. 정치 권력이나 사회 제도를 뜯어고치는 일도 중요하지만 더 근본적인 사회 변화가 필요하다고 생각한 것이지. 그들의 노력으로 문화 운동, 소비자 운동, 인권 운동, 환경 운동 등 여러 분야의 시민 운동이 더욱 활발해졌지.

| 환경 운동이 전 세계에서 일어나다 |

1970년대 초, 세계 곳곳에서 경제가 눈부시게 발전하고 있었어. 세계의 많은 사람이 경제 성장을 바라보며, 인류가 밝은 미래를 향해 달려간다고 생각했지. 바로 그 순간 '성장의 한계'를 말하며, 지구와 인류의 생존을 걱정하는 목소리가 터져 나왔어. 그 목소리의 주인공은 로마 클럽이었지.

"지금 전 세계는 폭발적인 인구 증가로 몸살을 앓고 있고, 공업이 빠르게 팽창하고 있다. 지금 같은 속도라면, 곧 식량이 부족해지고 천연자원이 바닥나며 환경이 오염될 것이다. 그러면 결국 어느 순간 성장이 멈추고, 세계 질서는 무너지고 말 것이다. 이제 지속 가능한 발전을 생각해야 한다."

로마 클럽의 말은 정말 사실일까? 20세기 내내 사람들은 경제 성장과 물질적인 풍요에 매달려, 세계 곳곳에서 자원을 마구 캐내고 아무렇지 않게 환경을 오염시켰어. 결국 얼마 못 가, 환경 오염을 알리는 사건이 꼬리에 꼬리를 물고 일어났지.

1952년 12월 4일, 짙은 안개가 자욱한 영국의 런던 하늘에 시커먼 공기가 뒤덮기 시작했어. 가정과 공장에서 뿜어낸 석탄 가스가 짙은 안개와 뒤섞이면서, 스모그 현상이 생긴 거야. 불과 며칠 만에 어린이와 노약자 4,000여 명이 죽고, 이듬해 2월까지 8,000여 명이 더 목숨을 잃었지. 호흡 장애, 질식, 만성 폐 질환 등이 원인이었어.

비슷한 일이 1954년 7월, 미국 로스앤젤레스에서도 일어났어. 엄청난 자동차 배기가스의 이산화탄소가 햇빛을 받아, 복잡한 화학 반응을 일으키면서 스모그 현상이 생겨났지. 역시 많은 사람이 여러 호흡기 질병으로 큰 고통에 시달려야 했지.

물과 땅도 점점 심각하게 오염되었어. 공장 폐수, 생활 하수, 쓰레기, 농약이나 비료 같은 것이 원인이었지. 그에 따라 새로운 병이 생겨나기 시작했어.

1959년 일본에서는 미나마타병이 발생했어. 질소 공장에서 버린 수은 때문이었지. 또 1961년에는 이타이이타이병이라는 새로운 병이 발생했어. 금속 공장의 폐수에 섞인 카드뮴이 하천과 주변 농토를 오염시키고, 이것이 물이나 음식을 통해 사람 몸에 쌓이면서 생긴 병이었어. 사람들은 허리 통증에 근육통, 관절통을 호소했는데, 이타이이타이는 '아프다, 아프다'라는 뜻이야. 일본에서 발생한 두 병은 중금속에 의한 수질 오염과 토양 오염이 얼마나 무서운지 알려 주었지.

이런 식의 환경 오염은 미국이나 일본 같은 선진국만의 일이 아니었어. 1960년대에 공업화를 시작한 한국에서도 이미 대도시와 공장 지대에서 환경 오염이 나타났지. 환경 오염은 사람 몸에 직접 피해를 주는 것에 그치지 않았어. 오존층을 파괴하고 지구 온도를 끌어올려, 기상 이변과 생태계 파괴를 불러왔어. 세계 곳곳에서 가뭄과 홍수가 이어지고, 사막화가 진행되고, 생물 종이 줄어들기 시작했지.

환경과 생태계를 파괴하는 또 하나의 위협은 전쟁과 핵무기 실험, 핵에너지 사용이었어. 베트남 전쟁은 엄청난 인명 피해 외에도, 밀림 파괴와 고엽제 후유증 등 많은 환경 문제를 일으켰지. 또 핵무기 실험이 계속되면서 생태계가 파괴되었고, 원자력 발전소의 사고 가능성은 나중에 현실이 되었어.

이렇게 세계 곳곳에서 환경 문제가 점점 심각해지자, 많은 환경 운동 단체가 생겨나기 시작했어. 1969년 9월 미국에서 '지구의 벗'이 만들어졌고, 1971년 9월에는 그린피스가 만들어졌지. 이외에도 세계 각지에서 수많은 환경 단체가 생겨나, 환경 보호 활동을 펼치면서 환경 보호의 필요성을 일깨워 나갔어.

한편 1979년 2월의 어느 날, 독일의 작은 마을 한 농가에 허름한 차림의 사람들이 모여들기 시작했어. 독일 곳곳에서 환경 운동을 하던 사람들이지. 이들은 진지한 토론 끝에, 시민운동의 한계를 뛰어넘어 새로운 정치적 목소리를 내기로 했지.

그로부터 한 달 뒤 250여 개의 생태·환경 보호 단체가 모여 녹색당을 만들었어. 생태계 보호와 핵 폐기를 내세우는 세계 최초의 환경 정당이었지. 1983년 녹색당은 총선에서 5.6퍼센트의 지지율로, 연방 의회 27석을 차지했어. 이후 프랑스·영국·이탈리아·캐나다·네덜란드 등 세계 곳곳에서 녹색당을 본뜬 정당이 생겨났지.

세계 각국 정부도 지구 차원의 환경 파괴에 공동으로 대처하기 시작했어. 이에 따라 1972년 6월 5일, 스웨덴 스톡홀름에서 113개 나라의 대표가 참석한 가운데 국제 연합 환경 회의가 열렸어. 환경 문제를 다룬 최초의 국제 회의로, '하나뿐인 지구'라는 구호를 내걸었지. 회의에서는 「인간 환경 선언」이 채택되었고, 이후 환경 보전에 대한 인식이 전 세계로 널리 퍼져 나갔어.

1985년에 그린피스의 배가 태평양의 타히티 섬 앞바다에서 핵폐기물을 바다에 버리지 말 것을 요구하는 시위를 벌이고 있다.

클릭! 역사 속으로
녹색 운동의 잔 다르크, 페트라 켈리

1983년 선거가 끝나고, 독일 의회에는 새로 뽑힌 의원들이 들어섰어. 그런데 한 무리의 의원들이 눈길을 끌었어. 점잖은 양복이 아니라 알록달록한 옷을 입고 있었고, 저마다 손에 화분을 하나씩 들고 있었거든. 이들은 의회에 들어와서 의원들이 앉은 자리를 보고는 이렇게 말했어.

"꼭 이렇게 반원 모양으로 좌파와 우파가 나뉘어 앉아야 하나요?"

"저희는 좌파도 아니고 우파도 아니니, 다르게 자리를 배치하겠습니다."

그러고는 좌파와 우파 사이에 책상을 길게 놓아 느낌표 모양으로 만들어 앉았어. 엄숙하던 의회는 이 의원들 때문에 분위기가 훨씬 가벼워졌지. 이 유쾌한 의원들은 바로 페트라 켈리가 이끄는 녹색당 의원들이었어.

페트라 켈리는 가냘프지만 열정적인 여성이었어. 페트라 켈리는 '녹색'만이 인류의 미래를 위한 유일한 대안이라고 주장했어. 페트라 켈리가 말하는 녹색은 본래 환경, 인권, 평화를 뜻해. 단순히 지구 환경을 보호하자는 뜻만 아니라, 사람들의 인권을 보호하고 평화를 지키겠다는 의지를 담고 있지.

페트라 켈리는 뜻을 같이 하는 사람들과 녹색당을 만들었고, 불과 4년 만에 녹색 바람을 일으키며 독일 의회에 들어갔지. 그 뒤로 녹색 운동은 지구 전체로 퍼져나갔어. 그 중심에 바로 페트라 켈리가 있었지. 그래서 사람들은 페트라 켈리를 녹색 운동의 잔 다르크라고 하지.

페트라 켈리가 만든 독일의 녹색당은 지금도 본래의 가치를 실현하기 위해 노력하고 있어. 인류의 평화와 지구의 환경이 차츰 위협받고 있는 이때, 페트라 켈리가 주장한 녹색의 이념은 지구의 모든 사람에게 절실한 가치가 되고 있지.

새로운 변화의 물결

1970년대, 세계 곳곳에서 미국과 소련 중심의 질서를 무너뜨리는 큰 변화가 일어났어. 서아시아의 나라들은 풍부한 석유를 무기로 미국과 유럽에 맞서 목소리를 높였어. 또 남아메리카 여러 나라에서도 미국의 영향력에서 벗어나려는 움직임이 활발하게 일어났지. 그런가 하면 남아프리카 공화국에서는 흑인들이 백인들의 오랜 인종 차별에 맞서, 힘찬 투쟁을 벌여 나갔어. 이런 변화의 물결이 어떻게 일어났는지, 그리고 어떤 변화를 가져왔는지 함께 살펴보자꾸나.

| 이슬람 세계가 석유를 앞세워 세계를 뒤흔들다 |

1970년대, 서아시아에서 세계를 뒤흔드는 사건이 일어났어. 이 지역은 세계에서 석유가 가장 많이 묻혀 있는 곳이야. 그래서 세계 경제, 특히 미국과 유럽 등 선진 자본주의 국가의 경제에 아주 중요하지.

그런데 이 지역은 미국이나 유럽의 서양 세계에 반감이 많았어. 20세기 초까지 유럽의 식민지 지배를 받은 경험이 있었기 때문이지. 게다가 서양 사람들은 자신들이 믿는 크리스트 교를 무슬림이 대부분인 이 지역 사람들에게 강요하기도 했거든.

서양에 대한 반감은 이스라엘 문제 때문에 더욱 커졌어. 이스라엘은 유대 사람들이 미국의 도움을 받아 팔레스타인에 세운 나라였어. 이때 오래전부터 팔레스타인에 살던 많은 아랍 사람들을 내쫓았지. 그 뒤 이스라엘과 아랍 국가들 사이에는 전쟁이 끊이지 않았어. 미국은 항상 이스라엘을 지지했고, 아랍 국가들은 뭉쳐서 미국과 이스라엘에 맞섰지.

 1973년 10월, 아랍 국가와 이스라엘 사이에 네 번째 전쟁이 벌어졌어. 제4차 아랍·이스라엘 전쟁이 터진 거야. 이집트, 시리아 등 아랍 국가가 이스라엘을 공격하면서 시작되었지. 1967년의 6일 전쟁에서 빼앗긴 영토를 되찾기 위해서였어.

 전쟁이 나자 소련이 이집트를, 미국이 이스라엘을 돕고 나섰지. 기습 공격을 당한 이스라엘은 전쟁 초반에 크게 흔들렸어. 하지만 곧 힘을 되찾아 시리아 군을 물리치고, 시나이 반도의 이집트 군을 공격했지. 결국 2주일 만에 전쟁은 이스라엘의 승리로 끝났어.

 그러자 아랍 나라들이 석유를 무기로 빼 들었어.

 "이번 전쟁에서 이스라엘을 도운 나라들을 단단히 혼내 줘야 해!"

 석유 수출국 기구는 석유 생산을 줄이고, 미국과 그 우방국들에게 석유를 수출하지 않겠다고 발표했어. 석유 수출국 기구는 아랍 나라를 중심으로 이루어져 있었는데, 매번 이스라엘을 돕는 미국에게 앙갚음을 하기로 한 거야. 그러자 불과 석

1967년 아랍 연맹과 이스라엘 사이에 일어난 6일 전쟁의 모습이다. 아랍 연맹의 요르단 군이 공격 직전에 탱크에서 공격 신호를 기다리고 있다.

카스트로*
1945년에 쿠바 아바나 대학교에 다닐 때 학생 운동 지도자로 활동했다. 그 뒤 쿠바의 독재자 바티스타 정권을 무너뜨리기 위한 투쟁을 계속하다가, 1959년에 쿠바 혁명에 성공했다.

체 게바라*
1953년에 부에노스아이레스 의학 대학을 졸업했다. 그 뒤 과테말라에서 독재 정치에 반대하는 활동을 하다가, 1954년에 멕시코로 망명했다. 1955년 멕시코에서 카스트로를 만나, 카스트로와 함께 쿠바 혁명의 승리를 이끌었다.

달 만에 석유 값이 무려 네 배나 뛰어올랐어. 이를 제1차 석유 파동이라고 해.

세계 경제는 제2차 세계 대전 이후 30년 가까이 번영을 누렸어. 그런데 아랍 국가들의 석유 수출 금지로 순식간에 불황의 늪으로 빠져들었지. 상품 값이 치솟자, 사람들의 소비도 줄었어. 문을 닫거나 상품 생산을 줄이는 기업들이 늘어났고 . 수많은 사람들이 일자리를 잃었어.

이렇게 아랍 세계는 석유를 무기로, 미국과 유럽 등 선진 자본주의 세계에 맞서기 시작했어. 이와 함께 곳곳에서 이슬람 교의 부흥을 외치는 소리가 높아졌지. 특히 이란에서 목소리가 높았어. 이 무렵 이란은 석유를 팔아 많은 돈을 벌었고, 그 돈으로 이란의 팔레비 왕은 근대화를 빠르게 진행하고 있었지.

그런데 팔레비 왕의 근대화는 이슬람 교의 오랜 전통을 뒤흔들어 놓았어. 그러자 이슬람 교 지도자와 대지주, 상인, 하층민 등 많은 사람이 팔레비 왕의 근대화를 반대하고 나섰어. 이슬람 교 지도자 호메이니는 팔레비 왕정을 무너뜨리고, 이슬람 공화국을 세우자고 주장했지. 호메이니는 나라 밖으로 쫓겨났어. 하지만 호메이니는 자신의 뜻을 굽히지 않고 팔레비 왕을 반대하는 활동을 펼쳤지. 점차 이란 국민 중에 호메이니를 지지하는 사람이 늘어났어.

1978년 봄, 마침내 지방 도시에서 반국왕 폭동이 일어났어. 그해 6월, 폭동은 수도 테헤란까지 확대되었지. 결국 이듬해 1월, 팔레비 왕은 이집트로 쫓겨났어. 그리고 2월, 호메이니가 오랜 망명 생활을 끝내고 돌아와 이슬람 공화국을 세웠어. 이제 이슬람 근본주의 물결이 이란 사회 전체를 휩쓸었지. 여성은 차도르로 얼굴을 가려야 했고, 서양 음악과 술이 금지되었으며, 이슬람 법률에 따른 형벌이 다시 효력을 발휘했어. 이와 함께 이란은 미국과 외교 관계를 끊고, 미국에 대한 석유 수출을 금지했지.

그 무렵, 이라크가 이란을 침공했어. 이란이 혁명으로 소란스러운 틈을 타서, 이란과 영유권을 다투던 알아랍 강을 차지하기 위해서였지. 이란·이라크 전쟁은 1988년까지 이어졌어. 그러자 미국이 이라크를 지원하고 나섰어. 이란 혁명의 영향이 아랍 전체로 퍼지는 걸 막기 위해서였지. 양국의 도시와 석유 시설이 크게 파괴되었고, 그에 따라 석유 생산량도 줄었지. 이란 혁명과 뒤이은 이란·이라크 전쟁으로 제2차 석유 파동이 일어났어.

그러자 세계 경제는 다시 한 번 크게 휘청거렸어. 이번에도 에너지 소비가 많은 미국과 유럽 국가가 큰 타격을 받았지. 나라마다 경제를 되살리는 일이 가장 큰 문제가 되었어. 점차 세금과 정부 지출을 줄이고, 경제를 시장과 기업에 맡겨야 한다는 주장이 들려오기 시작했지. 그러면서 보수 정치가의 목소리가 높아졌어.

| 쿠바와 칠레가 미국의 간섭에 맞서다 |

1956년, 남아메리카의 쿠바에서 12명의 젊은이가 친미 군사 독재 정부를 상대로 싸움을 시작했어. 카스트로*와 체 게바라*가 이끄는 게릴라 부대였지. 게릴라 부대는 점차 힘을 키워 3년 만에 대통령 궁을 접수하고, 쿠바 공화국을 세웠어. 겨우 12명으로 시작된 게릴라 부대가 정권을 잡다니, 어떻게 된 일일까? 그 열쇠는 카스트로의 다음과 같은 말 속에서 발견할 수 있어.

"우리만 투쟁한 게 아닙니다. 쿠바 전 민중이 함께 투쟁했습니다."

남아메리카의 다른 나라도 마찬가지였지만, 당시 쿠바의 대기업과 대농장은 미국 사람들이 쥐고 흔들었어. 쿠바 국민은 민주주의와 개혁을 요구했지만, 미국은 반공을 내세우며 독재 정부를 노골적으로 지원했지. 쿠바의 독재 정부는 미국을 등에 업고, 잇속만 챙기느라 정신이 없었어.

쿠바 국민은 가난 속에서 하루하루 힘든 생활을 해야 했고, 자연스럽게 카스트로와 혁명군 편이 되었어. 젊은 사람들은 앞다투어 혁명군에 지원했지. 혁명군이 정부군에게 쫓길 때는 몰래 음식과 숨을 곳을 제공해 주기도 했어.

처음에 미국은 쿠바의 혁명 정부를 인정했어. 그런데 혁명 정부는 대농장의 땅을 빼앗아 가난한 농민에게 나눠 주고, 대기업은 나라 것으로 만들었지. 그러자 미국과 쿠바 사이가 벌어졌어. 쿠바의 많은 농장과 기업은 미국 사람들 것이었거든. 미국 정부는 쿠바와 외교 관계를 끊고, 쿠바의 혁명 반대 세력을 모아 쿠바를 공격했어. 하지만 쿠바 공격은 실패로 돌아갔지. 이후로 쿠바는 소련과 가까워졌고, 쿠바 미사일 위기도 이 무렵에 일어났어.

이후 미국은 수십 년 동안 쿠바 경제를 철저히 막아 버렸어. 다른 나라와의 모든

쿠바와 칠레의 도전
1. 남아메리카 혁명가인 체 게바라가 쿠바 혁명 당시 말을 타고 이동하고 있다.
2. 카스트로가 쿠바 혁명에 성공한 뒤에 연설하고 있다.
3. 쿠바 미사일 위기를 다룬 신문 기사이다.
4. 칠레의 아옌데가 대통령 선거에서 승리를 거둔 뒤 기자 회견을 하고 있다.
5. 아옌데 대통령이 피노체트가 이끄는 쿠데타군의 공격을 피해 대통령 사무실을 빠져나오고 있다.
6. 1988년 10월 피노체트에 대한 칠레 국민 투표에서 불신임이 결정되자, 피노체트를 반대했던 시민들이 축제를 벌이고 있다.

피노체트[*]
1973년 9월 11일, 군사 쿠데타를 일으켜 살바도르 아옌데 대통령의 사회주의 정부를 뒤엎었다. 그 뒤 칠레 군사 정부의 대통령으로 독재 정치를 펼치다가, 1988년에 치러진 선거에서 패배하여 자리에서 물러났다.

교역을 방해한 거야. 쿠바는 말할 수 없는 어려움을 겪었지. 하지만 쿠바 정부는 굴복하지 않고 혁명 때 내걸었던 약속을 하나하나 지켜 나가기 시작했어. 특히 학교와 병원 시설을 늘려, 모든 시민에게 무료 교육과 의료 혜택을 제공했어. 쿠바 혁명의 가장 큰 성과였지.

쿠바 혁명은 남아메리카 여러 나라에 큰 충격을 주었고, 곳곳에서 무장 게릴라 활동이 벌어졌어. 카스트로와 함께 쿠바 혁명을 이끌었던 체 게바라는 다른 나라의 혁명 운동을 돕기 위해 볼리비아로 향했지. 체 게바라의 참가로 볼리비아의 혁명 분위기는 더욱 높아졌어.

이처럼 남아메리카의 여러 나라가 혁명 분위기에 휩싸이자, 미국은 남아메리카의 '자유와 민주주의'를 위해, 10년간 200억 달러를 지원하겠다고 약속했어. 그러나 미국이 이토록 많은 돈을 쏟아 붓는 데는 다른 이유가 있었지. 국가 원조를 통해 미국의 다국적 기업이 진출하기 편하게 만들려고 한 거야. 그리고 미국이 지원하는 건 자유와 민주주의가 아니었지. 친미 보수 세력의 게릴라 소탕 작전과 군부의 친미 쿠데타뿐이었어.

결국 미국의 지원을 받은 친미 보수 세력의 철저한 소탕 작전으로 남아메리카 각국의 게릴라 활동도 점점 쇠퇴해 갔지. 그 과정에서 1967년, 체 게바라가 볼리비아 산중에서 정부군의 소탕 작전으로 살해되었지.

그런데 1968년에 페루와 파나마, 1970년에 볼리비아에서 혁신적인 군사 정권이 출현했어. 이들은 민족주의적이고 반제국주의적인 정책을 펼쳤지. 이런 정치적 흐름은 1970년에 칠레의 대통령 선거에서 아옌데가 승리를 거두면서 정점에 달했어.

　아옌데가 이끄는 인민 연합 정부는 칠레의 극심한 빈부 차이를 줄이기 위해 노력을 기울였어. 부자에게 세금을 거둬 가난한 사람들을 지원하는 여러 정책을 폈어. 또 구리를 비롯한 주요 지하자원과 미국계 대기업을 국유화하고, 농지 개혁을 추진했지. 이런 정책은 국민의 전폭적인 지지를 받았어. 남아메리카에 선거를 통한 민주주의가 뿌리내리고, 경제와 사회 개혁이 이루어지려는 순간이었지.

　그런데 미국 정부는 사회주의 정책을 펴는 아옌데 정부를 그냥 놔두지 않았어. 미국 정부는 칠레에 대한 원조를 줄이기 시작했지. 그리고 아옌데를 반대하는 칠레 군부에 대규모 무기와 군수 물자를 공급했어. 결국 피노체트*가 이끄는 군부 쿠데타 세력은 미국 CIA와 손을 잡고, 대통령 궁을 습격했지. 아옌데가 처형되고 피노체트의 군사 정부가 들어섰어. 새 정부는 자유 시장 정책을 도입하고, 군부 통치에 반대하는 국내 저항 세력을 잔혹하게 진압했어.

　칠레 인민 연합의 붕괴는 남아메리카 해방 운동에 큰 타격을 주었어. 또한 칠레 군사 정부의 출현으로, 이미 시작된 남아메리카 군사 정부의 출현이 더욱 거세졌지. 1976년에는 아르헨티나와 우루과이에도 군사 정부가 들어섰어. 이제 멕시코, 베네수엘라, 콜롬비아 등 소수의 나라만 민간 정부가 다스렸지.

　하지만 정치와 사회 개혁을 요구하는 남아메리카 사람들의 투쟁은 끊이지 않았어. 파나마 사람들은 미국에게 파나마 운하를 되돌려 달라고 요구했어. 파나마 사람들의 거센 요구에 미국은 결국 1977년에 파나마 운하를 되돌려 주기로 약속했지. 그리고 1979년에는 그레나다와 니카라과에서 독재 정권을 무너뜨리는 혁명이 일어나 승리를 거두었어.

　한편 1980년대가 되자, 점차 군사 정권이 물러나기 시작했어. 1988년 10월, 칠레에서도 피노체트가 쫓겨났지. 국민 투표에서 55퍼센트 가까운 국민이 불신임을 던진 거야. 이렇게 남아메리카의 해방 운동은 한 걸음 앞으로 나아갔지.

아프리카에서 통합과 인종 화합의 노력이 펼쳐지다

은크루마*
미국과 영국에서 공부하였고, 1945년부터 영국에서 서아프리카의 민족 운동을 이끌었다. 그리고 가나가 영국의 지배에서 벗어난 뒤, 1960년에 첫 대통령이 되었다. 그러나 1966년 2월에 일어난 군사 쿠데타로 대통령 자리에서 물러났다.

1976년 6월 16일, 남아프리카 공화국 소웨토에서 흑인 학생들이 시위를 벌이는 모습이다. 소웨토 봉기는 전 세계인들에게 인종 차별의 심각성을 알리는 계기가 되었다.

1960년대에 아프리카 여러 나라들은 유럽 국가들의 지배에서 벗어나 독립국이 되었어. 하지만 새로운 독립국들은 자원을 둘러싼 전쟁, 부족 사이의 내전, 기근과 가난에 시달려야 했어.

"아프리카 문제는 아프리카가 다 같이 단결해서 아프리카 스스로의 힘으로 해결합시다."

가나의 대통령 은크루마*가 목소리를 높였어. 그의 노력으로 1963년 아프리카 통일 기구가 만들어졌지. 이 기구는 알제리와 모로코 분쟁을 비롯하여 여러 분쟁들을 해결했어. 아프리카 대륙의 경제적 발전에도 힘을 기울였지.

그런데 아프리카 통일 기구가 처음 만들어졌을 때, 여기에 들어가지 못한 나라가 있어. 바로 남아프리카 공화국이었어. 왜냐고? 당시 이 나라는 백인 정부가 다스렸는데, 아프리카 흑인에 대한 인종 차별이 아주 심했거든.

백인은 17세기부터 네덜란드나 영국에서 건너온 사람들의 후손이야. 백인은 전체 인구의 16퍼센트를 차지했는데, 거의 모든 토지와 산업을 독차지하고 권력까지 독점했어. 그러고는 1948년 이래로 아파르트헤이트라는 인종 분리 및 차별 정책을 폈지. 특히 1959년에는 10개의 흑인 거주 구역을 따로 만들고, 흑인들을 강제로 이곳에 살게 했어. 인구의 70퍼센트를 차지하는 흑인은 어떠한 정치적 권리도 누리지 못한 채, 국토의 13퍼센트 안에 갇혀 지내야 했어.

흑인들은 아프리카 민족 회의를 중심으로 비폭력을 내세우며 거세게 저항했지. 하지만 1960년 백인 정부는 흑인 시위대를 대량으로 학살하고, 아프리카 민족 회의를 비롯해 아파르트헤이트 반대 운동 단체의 활동을 모두 금지했어.

그러자 아프리카 민족 회의는 무장 투쟁을 선언했어. 하지만 정부의 감시와 탄압은 더욱 거세졌고, 수많은 흑인 운동가들이 체포되었어. 무장 투쟁을 이끌던 넬슨 만델라도 1962년 체포된 뒤 종신형을 선고받았어. 이후 아파르트헤이트 반대 운동은 잠잠해졌어. 하지만 만델라 등이 갇힌 로빈 섬은 아파르트헤이트 반대 운동의 상징으로 남았어.

그러던 중 1976년, 소웨토에서 1만 5,000명의 흑인 학생이 평화로운 거리 시위를 벌였어. 백인 정부가 학교 교육을 백인의 언어로만 가르치겠다고 발표했거든. 시위 첫날 200명이 죽었어. 그러자 이후 일 년 동안 흑인들의 폭동이 들불처럼 퍼져갔어. 시위 첫날 200명이 죽은 것을 포함하여 모두 600명이 넘는 사람들이 학살당했지.

소웨토 봉기 이후에도 흑인들은 저항을 계속했어. 세계 많은 나라들도 남아프리카 공화국의 아파르트헤이트 정책을 비난하며, 경제를 압박했어. 나라 안팎의 저항과 비난, 경제 압박이 갈수록 거세지자, 백인 정부도 더 이상 버틸 수 없었어. 결국 백인 정부의 대통령은 흑인 운동의 지도자 넬슨 만델라와 만나, 역사적인 타협을 했어.

1990년 4월, 넬슨 만델라가 감옥에서 풀려난 뒤 영국 런던을 방문하여 사람들에게 연설을 하고 있다.

1990년, 마침내 넬슨 만델라가 이십칠 년 만에 감옥에서 풀려났어. 마흔네 살의 젊은 나이에 감옥에 들어가, 일흔두 살의 나이에 세상에 나온 거야.

"정부도 아프리카 민족 회의도 다 같이 무기를 버리십시오."

놀랍게도 만델라는 감옥에서 나오자마자 화해를 외쳤어. 혁명을 외치던 흑인 청년들도 만델라의 뜻을 따르기로 했어.

1994년 흑인들이 처음으로 참여한 선거에서 만델라가 대통령으로 당선되었어. 만델라는 350년 동안 이어져온 인종 차별 정책을 끝냈어. 그리고는 진실과 화해 위원회를 만들어 화해와 용서를 실천했어.

만델라는 여든다섯 살이 되던 해에 한 소녀에게 편지를 받았어. 바로 만델라에게 종신형을 내렸던 전 총리의 증손녀였지.

"만델라 할아버지는 제 삶을 아름답게 바꿔 주셨어요. 피부색을 가리지 않고 사람들을 사랑하게 해 주셨거든요."

남아프리카 공화국의 흑인들은 350년이 넘도록 인종 차별에 시달렸어. 그런데도 이들은 보복을 선택하지 않았어. 오히려 그들은 지구상 어디에도 없는 인종 화합의 꽃을 피워냈어.

클릭! 역사 속으로
아프리카 합중국을 꿈꾼 은크루마

"우리는 나뉘어 있기 때문에 약한 것입니다. 아프리카는 세계에서 가장 강한 나라가 될 수 있습니다. 아프리카는 뿌리 깊은 지혜와 품위, 인간에 대한 존경심을 지닌 휴머니즘이 있는 곳입니다. 나는 마음속 깊이 그렇게 믿고 있습니다. 이런 아프리카가 연방 정부 아래 하나가 된다면, 막강한 힘을 가지게 될 겁니다. 아프리카는 돈과 힘이 있다고, 다른 나라를 막아서지 않을 것입니다. 희망과 신뢰, 우정과 인류에 대한 선의를 바탕으로, 그 힘을 펼칠 것입니다."

가나의 대통령 은크루마가 1961년에 쓴 『나는 자유를 말한다』에 나오는 내용이야. 은크루마는 아프리카가 미국처럼 연방이 되길 꿈꾸었어. 연방 정부 아래 모이기만 한다면, 세계 어느 나라보다 힘센 나라가 될 거라 생각했지. 은크루마의 이런 생각을 범아프리카주의라고 해.

범아프리카주의가 싹튼 것은 1900년이었어. 흑인들은 미국, 중앙아메리카에서 노예로 일했고, 세계 곳곳에서 차별받았지. 그런 흑인을 일깨워 하나로 모으자는 생각에서 시작되었어. 그러던 것이 차츰 아프리카 대륙을 하나로 묶자는 생각으로 발전한 거야.

유럽 사람은 아프리카에 들어와 아프리카 사람을 억압하고, 자원을 빼앗아 갔어. 이런 억압과 수탈에 맞서 은크루마를 비롯한 몇몇 지도자는 아프리카 사람들에게 힘을 모으자고 강력하게 호소했지.

은크루마는 "아프리카 전체의 해방과 연결되지 않는다면, 가나의 독립은 의미가 없다"고 주장했어. 이 범아프리카주의는 완전히 실현되지는 못했지만, 그래도 아프리카 사람들에게 큰 힘과 용기를 주었지.

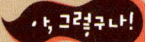

지속 가능한 발전이 필요해요

인류는 풍요로운 삶을 누리기 위해 경제 성장에 온 힘을 기울였어. 그러면서 더 많은 자원을 차지하기 위한 전쟁이 끊이지 않았지. 또 빈부 격차와 사회적 불평등은 더욱 커졌고, 자원 고갈과 생태계 파괴 같은 문제로 인류의 생존 자체가 위협받기 시작했어. 그러면서 지속 가능한 발전이 필요하다는 목소리가 높아졌지. 발전을 하되, 발전이 다음 세대에도 지속될 수 있도록 자원 고갈이나 환경 파괴를 막으면서 경제 성장을 하자는 것이지.

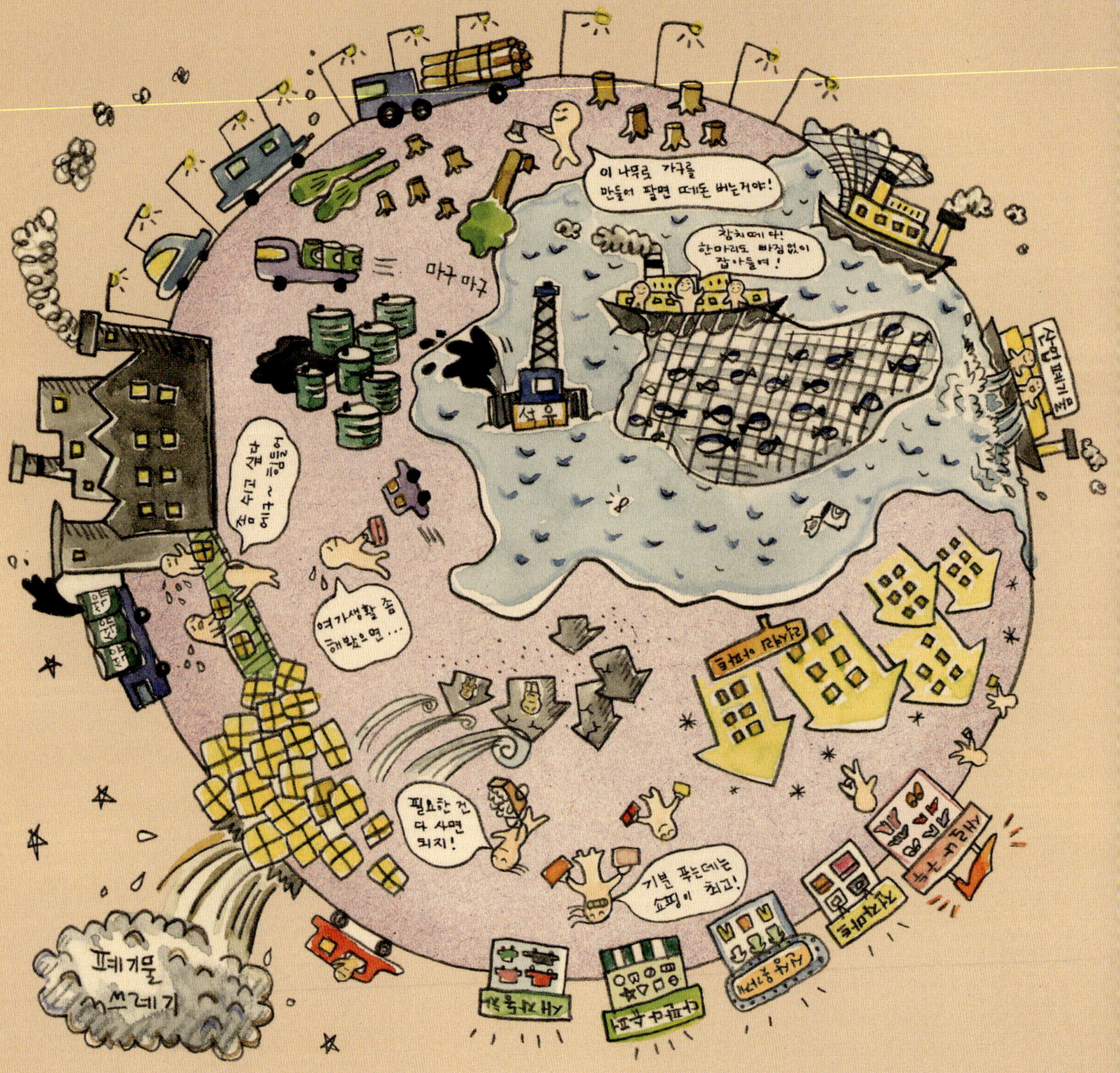

그런데 지속 가능한 발전을 이루기 위해서는 환경과 자원 보호만 필요한 것이 아냐. 우리 사회에 존재하는 여러 불평등과 차별을 없애는 사회 발전 역시 필요하단다. 불평등과 차별은 한 사회의 갈등과 대립을 키우고, 그만큼 사회적 비용을 늘리거든.

다시 말해 지속 가능한 발전은 자원과 환경을 파괴하지 않고, 사회의 불평등과 차별을 없애면서 적당한 정도로 이루어 가는 발전을 말해. 인간과 인간, 인간과 자연이 함께 어우러지는 발전을 이루자는 거지.

4

세계화 시대와 새로운 도전

1970년대 두 차례의 석유 파동 이후로 세계 경제는 침체의 길로 접어들었어. 하지만 이 시기에 일본을 시작으로, 아시아 여러 나라에서는 오히려 놀라운 경제 성장이 일어났어. 이를 발판으로 1980년대부터 아시아가 세계 질서의 새로운 중심으로 떠오르기 시작했지.

그 사이 미국과 유럽 나라들은 세계 무대에서 점점 힘을 잃어 갔어. 그러자 미국과 영국 같은 나라에서는 보수주의 정부가 들어서서, 다시 냉전을 부르짖으며 군사력을 키워 나갔어. 그러면서 안으로는 신자유주의를 통해 자기 나라의 경제를 되살리려고 했지.

한편, 소련과 동유럽 나라들에서는 사회주의 체제의 문제를 개혁하려는 노력이 실패로 돌아갔어. 결국 1980년대 말과 1990년대 초에 사회주의 체제가 무너지고 자본주의가 들어섰어. 이와 함께 냉전도 끝이 났지.

그 뒤로 세계화의 물결이 전 세계를 휩쓸었어. 그러자 지구와 인류 전체의 생존을 위협하는 문제도 더욱 심각해졌어.

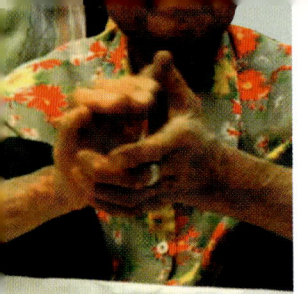

새롭게 떠오르는 아시아

20세기 후반, 전 세계의 눈이 아시아로 쏠리기 시작했어. 미국과 유럽 나라들은 두 차례의 석유 파동을 겪으며, 경제 침체의 길로 빠져들었지. 그런데 일본, 한국을 비롯해 아시아 나라들은 오히려 눈부신 경제 성장을 이루며, 세계 경제의 새로운 중심으로 떠오르고 있었거든. 아시아 나라들이 어떻게 놀라운 경제 성장을 이루고, 세계 경제의 중심으로 발돋움했는지 함께 살펴볼까?

| 일본이 정치와 군사 대국을 꿈꾸다 |

1970년대 두 차례의 석유 파동 이후, 세계 곳곳에서 일본 차가 늘어났다. '자동차 왕국' 미국에서도 마찬가지였지.

"일본 차로 바꿨다며? 작아서 불편하지 않아?"

"기름 값이 갑자기 몇 배나 뛰었는데, 기름 적게 먹는 차가 최고 아냐? 게다가 일본 차는 값도 싸고 고장도 거의 없어."

세계 여러 나라의 거리에서는 청년들이 소니의 '워크맨'을 들고 다녔고, 가정에서는 일본제 컬러텔레비전과 비디오 플레이어가 인기였지. 공장에서도 일본 기계가 최고 인기였어. 일본 제품은 미국이나 유럽 제품보다 품질도 뛰어나고 값도 쌌거든.

그럼, 일본 제품의 경쟁력은 어디에서 온 걸까? 일본 기업은 미국의 생산 방식과 기술을 일본의 사정에 맞게 고치고, 새로운 기술을 개발하는 데 온 힘을 기울였어. 노동자도 회사 일을 자기 일처럼 했지. 회사가 노동자의 정년을 보장하고, 오래 근무한 사람일수록 더 나은 대우를 해 주었거든.

그리고 정부도 제품 생산과 수출에 유리한 환경을 만들었어. 게다가 수십 년 동안 달러화에 비해 엔화 가치가 낮아서, 일본 제품은 값이 매우 쌌어.

일본 기업은 미국 기업과 세계 시장에서 경쟁하며, 전 세계의 달러를 긁어모았어. 그러자 다른 나라들, 특히 미국이 일본에 불만을 갖게 되었지. 결국 1985년, 일본과 서독 등 다섯 선진국 대표가 미국의 요청으로 뉴욕의 플라자 호텔에 모였어. 이 자리에서 여섯 나라는 달러화 가치를 끌어내리고, 반대로 일본의 엔화와 서독의 마르크화 가치를 끌어올리기로 했어. 이를 '플라자 합의'라고 해.

그러자 1년 사이에 1달러에 235엔이던 환율이 120엔으로 거의 반 가까이 떨어졌어. 이전에는 1달러를 내면 235엔짜리 일본 제품을 살 수 있었는데, 이제는 120엔짜리밖에 사지 못하게 되었지. 한번 일본 제품을 사는 미국 소비자라고 생각해 봐. 과연 일본 제품을 살까? 당연히 일본 기업들은 제품을 수출하기가 이전보다 힘들어졌겠지? 플라자 합의 이후 일본 경제에 먹구름이 드리우기 시작했어.

오른쪽은 미국 뉴욕의 중심가에 세워진 일본 소니 회사의 광고판이다. 왼쪽은 일본 도요타 회사의 규슈 공장으로, 자동 조립 시설이 갖춰져 있다.

거품 경제*

주식 가격과 집값, 땅값이 아주 빠르게 올라, 마치 경제가 거품처럼 부풀어 오른 모습을 띠기 때문에 '거품 경제'라는 이름이 붙게 되었다.

야스쿠니 신사*

도쿄에 있는 일본 최대의 신사이다. 일본 왕을 위해 싸우다 목숨을 잃은 사람들을 신으로 모시고 제사를 지내는 곳이다.

그런데 이 무렵 일본 경제는 마치 비누 거품이 일어나듯이 반대로 달려갔어. 그동안 일본은 오랜 호황으로, 돈이 넘치고 있었지. 돈을 가진 사람들은 투자할 곳을 찾지 못하자, 너도나도 주식과 부동산을 사들이기 시작했어.

부동산 값이 오르기 시작했고, 부동산을 사서 되판 사람들은 떼돈을 벌었지. 게다가 달러화에 대해 엔화 가치가 두 배로 오르자 일본 사람들은 나라 밖으로까지 나가, 주식과 부동산을 사들였지. 일본 사람들은 1980년대 말까지 '거품 경제*'의 환상을 맘껏 즐겼어.

하지만 1990년대로 접어들자, 거품이 꺼졌어. 주식과 부동산 값이 가을 낙엽처럼 떨어지고, 문을 닫는 기업과 은행이 수없이 생겨났지. 그 뒤 10년 동안 일본 경제는 계속 뒷걸음질쳤어. 이때를 '잃어버린 10년'이라고 해.

한편 일본 정부는 경제 대국의 지위를 발판으로 정치, 군사 대국을 욕심내기 시작했어. 하지만 일본의 '평화 헌법'이 큰 걸림돌이었지. '평화 헌법'은 일본이 제2차 세계 대전에서 패한 뒤 만들어졌는데, 일본이 정식 군대를 거느리지 못하도록 했어. 그래서 일본은 외부의 침략을 방어하는 자위대만 두고 있었지.

따라서 일본 정부는 '평화 헌법'을 개정하기 위해, 일본이 침략국이라는 굴레에서 벗어나려 했어. 그 첫걸음으로 1980년대 초에는 나카소네 총리가 '야스쿠니 신사*'에 참배했지. 야스쿠니 신사는 제2차 세계 대전의 전쟁 범죄자들의 위패를 모신 곳이야. 그렇기 때문에 일본 총리가 야스쿠니 신사를 공식적으로 참배한 것은 과거 일본의 침략과 전쟁 범죄를 인정하지 않겠다는 뜻이었지. 그뿐만 아니라 플라자 합의 이후, 찾아온 '잃어버린 10년' 동안 일본에서는 정치와 군사 대국이 되어야 한다는 목소리가 더욱 커졌어.

"역시 힘이 있어야 해. 그러려면 평화 헌법부터 바꿔야 한다고. 이제 자위대라는 이름을 떼고, 자위군이라는 이름을 갖다 붙일 때도 되었지."

"그리고 전쟁을 일으킨 게 어디 우리뿐야? 전쟁이 끝난 지가 언젠데, 아직까지 우리 아이들에게 우리의 과거사를 부끄럽게만 가르쳐야 하냐고."

군사 대국이 되려는 일본의 노력은 동아시아의 평화와 안정을 위협하는 큰 문제가 되었어. 하지만 일본 정부는 과거 일본의 침략과 범죄 사실을 빼거나 축소한 교과서 편찬을 지시하는 등 군사 대국이 되려는 야심을 버리지 않고 있지.

한국이 민주주의를 이룩하고 경제 성장을 이어가다

일본이 경제 대국으로 성장하는 동안 아시아의 다른 나라들 역시 수출과 경제 발전에 힘을 쏟았어. 한국, 타이완, 싱가포르, 홍콩이 '아시아의 네 마리 용'이라 불리며 경제 성장을 이어 갔지. 인도네시아, 말레이시아, 필리핀 역시 경제가 크게 발전했어. 그런데 이 나라들은 한국의 박정희, 타이완의 장제스, 싱가포르의 리콴유처럼 정치 지도자들이 모두 장기 집권을 하며 독재를 하고 있었어. 그래서 경제 발전은 이루었지만, 민주주의는 아직 꽃을 제대로 피우지 못하고 있었지.

이들 나라 중 한국의 박정희 정부는 수출 중심의 경제 정책을 펼치며 아주 빠르게 경제를 발전시켰어. 하지만 국민들의 민주주의 요구는 철저하게 탄압했지. 그러던 중 1970년대 말, 한국 경제는 큰 위기에 빠졌어. 1979년의 제2차 석유 파동으로 석유 값이 크게 오르고, 세계 경제가 불황에 빠졌기 때문이야.

수입은 늘고 수출은 줄면서 한국의 무역 적자가 커졌어. 게다가 그동안 끌어다

6월 항쟁과 다양해진 시민운동

1. 6월 항쟁의 도화선이 된 이한열 학생의 장례식 모습이다.
2. 2000년 6월, 매향리 주민들이 미국의 쿠니 사격장 폐쇄를 요구하고 있다.
3. 2000년 10월, 노동자들이 아시아·유럽 정상 회의와 신자유주의를 반대하는 행진을 하고 있다.
4. 2000년 11월, 시민들이 국가 인권 위원회 설치를 요구하고 있다.
5. 2000년 9월, 주부들이 중국의 납 중독 생선 판매에 항의하고 있다.

쓴 외채도 엄청났지. 경제는 갈수록 어려워졌고, 국민들 사이에 불만의 목소리가 터져 나왔어.

나라 곳곳에서 박정희의 독재 정치에 반대하는 시위가 줄을 이었어. 그 과정에서 박정희가 부하 손에 암살되었지. 그 뒤 한국에서 민주주의가 꽃피는 듯했어. 하지만 전두환을 비롯한 군인들이 쿠데타를 일으키고, 계엄령을 선포했지.

1980년 5월, 광주 시민들이 계엄령에 반대하는 시위를 벌였어. 전두환은 군대를 보내 수백 명의 시민을 학살했어. 그런 다음 간접 선거로 대통령이 되었지. 그 뒤로 수많은 학생과 시민이 민주화를 외치며, 전두환 독재 정권에 맞서 싸웠어. 학생과 시민들은 감옥에 갇히고 고문을 당하면서도 물러서지 않았지.

1987년 6월, 마침내 '헌법 개정, 독재 타도'를 요구하는 국민들의 시위가 온 나라를 휩쓸었지. 결국 전두환 정권은 대통령 직선제를 내용으로 하는 민주적인 헌법을 만들기로 약속했어. 6월 민주 항쟁은 시민들의 승리로 끝이 났지.

그해 말 대통령 직접 선거가 실시되었어. 그런데 어이없게도 쿠데타 세력인 노태우가 대통령으로 당선되었어. 민주 세력이 세 후보로 갈라지면서 생긴 일이었지. 그렇다고 해서 민주주의가 후퇴한 것은 결코 아니었어.

6월 항쟁 앞뒤로 노동 운동, 농민 운동뿐만 아니라 환경 운동, 인권 운동, 소비자 운동 등이 더욱 활발해졌어. 또 많은 사람이 민주주의를 외치면서 군사 정권에 맞서 싸웠지. 그러면서 국민들 사이에 민주 의식이 발달했어. 그 결과 최저 임금제, 남녀 고용 평등법, 국민연금 제도, 전 국민 의료 보험 제도 같은 기본적인 사회 보장 제도가 뿌리를 내렸지.

한편 1980년대 중반부터 한국 경제는 다시 급속한 성장을 이룩하기 시작했어. 세계 경제가 한국에 유리하게 돌아갔기 때문이야. '낮은 석유 가격, 낮은 달러 가치, 낮은 국제 금리'의 3저 현상이 펼쳐진 거야. 석유 파동으로 세계 경제가 여러 해 동안 불황에 빠지자, 산유국들도 석유 값을 내릴 수밖에 없었어. 당연히 석유 수

입에 드는 비용이 줄었지. 그리고 1985년의 플라자 합의로 달러화 가치가 내려가고 엔화 가치가 올라가자, 일본이 수출에 어려움을 겪었어. 그 바람에 한국 상품 수출이 늘었지. 게다가 국제 금리도 내려가면서 외채 부담도 줄었어.

그 덕분에 한국은 경제 성장을 계속 이어 갈 발판을 마련할 수 있었어. 그리고 이런 좋은 기회를 이용해 부족했던 자본이나 기술력에서 어느 정도 자립할 수 있는 기초를 갖추게 되었지.

때마침 1980년대 말에 냉전이 끝나면서, 한국은 그동안 적대하던 소련·중국과 국교를 맺었어. 그러면서 큰 수출 시장이 새롭게 생겨 수출이 크게 늘고, 무역 흑자 역시 큰 폭으로 늘었어. 그러자 그동안 외국에 진 빚을 많이 갚을 수 있었고, 외채 위기도 사라졌지. 이와 함께 국내 소비도 크게 늘었어. 6월 항쟁 이후 노동자들의 임금이 크게 올라, 씀씀이가 커졌기 때문이야.

이처럼 수출과 국내 소비가 함께 늘어나자, 한국의 경제는 매년 큰 폭으로 성장했어. 사람들은 '단군 이래 최대의 경제 호황'이라며 즐거운 비명을 질렀지.

1990년대에도 한국은 계속 발전했어. 1995년에는 세계에서 열한 번째 경제 대국으로 올라섰지. 그리고 1996년에는 선진국 모임인 경제 개발 협력 기구(OECD)에도 가입했어. 선진국 문턱에까지 올라선 거야. 한국은 식민지 지배와 전쟁, 독재를 경험한 나라로, 빠른 경제 성장과 민주주의를 이루었어. 세계에서 그 예를 찾아보기 힘들 정도야.

그렇지만 1997년 한국은 새로운 위기에 빠져들었어. 어떤 위기냐고? 여기에 대해서는 뒤에서 살펴보기로 하자꾸나.

중국이 경제 성장을 거듭하다

1970년대 이후 아시아 나라들의 경제 성장은 눈부셨어. 세계 사람들이 깜짝 놀랄 정도였지. 그런데 세계 사람들을 더욱 놀라게 하는 일이 일어났어. 사회주의 중국이 자본주의 시장 경제를 받아들이면서, 빠른 경제 성장과 함께 새롭게 변화하기 시작한 거야.

1978년, 중국 공산당은 문화 대혁명을 비판하며 '개혁, 개방'을 선언했어. 중국을 개혁·개방으로 이끈 것은 '작은 거인'으로 알려진 덩샤오핑이었어.

덩샤오핑은 마오쩌둥이 죽은 뒤 권력 투쟁에서 이겨 다시 권력을 잡았어. 덩샤오핑은 "검은 고양이든 흰 고양이든, 쥐를 잘 잡는 고양이가 좋은 고양이다!"라고 거침없이 외친 인물이었지. 경제를 발전시키고, 사람들의 생활을 나아지게 하는 데는 자본주의건 사회주의건 굳이 따질 필요가 없다는 뜻이야.

중국은 덩샤오핑의 실용주의 노선에 따라 자본주의 시장 경제 방식을 적극적으로 도입하기 시작했어. 우선 중국 동남부 해안 지역에 경제 특구와 경제 개방구를 설치했지. 그리고 미국, 일본과 유럽 나라에서 대규모 자본과 기술을 받아들였어. 그러면서 차츰 농업, 공업, 국방, 과학 기술의 현대화를 추진했어.

그렇다고 중국이 사회주의 경제 정책을 모두 버린 것은 아니었어. 우선 모든 토지는 국가 소유였어. 다만 개인이 빌려서 50년에서 70년까지 마음대로 사용할 수 있게 했지. 또 중국 기업 가운데 약 65퍼센트는 사유 기업이었지만, 35퍼센트는 여전히 공유 기업으로 남아 있었어.

개혁과 개방 정책이 실시되고 10여 년이 흐르는 동안 중국의 경제는 크게 발전했어. 그리고 중국 사회의 모습도 확 달라졌지. 농민은 자기가 일해서 얻은 것을 마음대로 사고팔 수 있게 되었어. 기업은 정부의 통제와 감독에서 벗어나, 스스로 생산량을 결정하고 이윤을 낼 수 있게 되었지.

그런데 중국이 끝내 바꾸지 않은 게 하나 있어. 바로 사회주의 정치 체제였어. 여전히 사회주의 사상을 지키고, 공산당 독재를 유지했지. 그러던 중 1980년대 말, 사회주의 나라들에 민주화 바람이 몰아쳤어. 중국 국민들 사이에도 민주화를 요구하는 목소리가 커졌지.

마침내 1989년 100만 명이 넘는 사람들이 베이징 톈안먼에 모여 민주화를 요구하는 시위를 벌였어. 하지만 중국 정부는 탱크를 앞세워 무자비하게 진압했지. 이때 1,000명이 넘는 사람이 그 자리에서 죽고 말았어. 덩샤오핑은 비록 실용을 내세우고 자본주의 시장 경제를 도입하며 경제 성장을 이끌었지만, 사회주의 정치 체제와 공산당에 반대하는 목소리는 인정하지 않았지.

톈안먼 사건이 전 세계 언론을 통해 보도되자, 사람들은 충격에 휩싸였어. 중국 정부도 당황하기는 마찬가지였지. 공산당 안에서는 개혁·개방을 멈춰야 한다는 목소리가 높아졌어. 개혁·개방 정책 때문에 톈안먼 사건이 일어났다고 생각했기 때문이야.

중국의 경제 발전과 변화
1. 1980년대, 덩샤오핑이 새롭게 건설되고 있는 도시를 돌아보고 있다.
2. 1989년 5월 14일, 중국의 민주화를 요구하는 학생, 노동자, 시민들이 톈안먼 광장에서 시위를 하고 있다.
3. 삼성이 중국 기업과 합작으로 세운 공장이다.
4. 네온사인 불빛이 휘황찬란한 상하이의 밤거리이다.
5. 중국 상하이의 한 지역에 들어선 세계 파이낸셜 센터 건물이다.

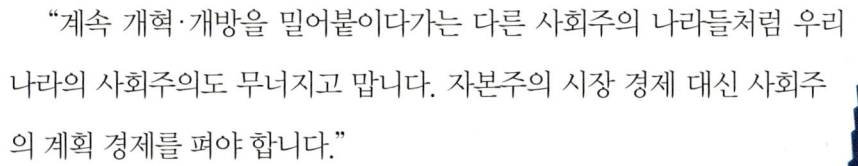

"계속 개혁·개방을 밀어붙이다가는 다른 사회주의 나라들처럼 우리나라의 사회주의도 무너지고 맙니다. 자본주의 시장 경제 대신 사회주의 계획 경제를 펴야 합니다."

공산당 내부의 혼란으로 개혁·개방 정책이 중단될 상황이 되자, 1992년에 덩샤오핑이 다시 나섰어.

"자꾸 자본주의냐 사회주의냐를 따지지 맙시다. 자본주의에도 계획이 있고, 사회주의에도 시장이 있습니다. 인민을 잘살게 하는 게 곧 사회주의입니다."

덩샤오핑은 사회주의 계획 경제를 주장하는 사람들에게 일침을 가했어. 그리고 중국이 가야 할 길은 자본주의 시장 경제도, 사회주의 계획 경제도 아니라고 했지. 오직 사회주의 시장 경제라고 주장했어.

그 뒤 중국은 경제 분야에서 개혁, 개방의 발걸음을 더욱 서둘렀어. 2001년 11월에는 세계 무역 기구에 가입하여, 완전한 개방 경제를 향해 나아갔어. 그리고 2007년에는 시장 경제에

서 한 발 더 나아가, 사유 재산 제도까지 인정했지.

이렇게 중국은 사회주의 정치 체제를 지키면서도, 다른 한편으로 자본주의 시장 경제를 받아들였어. 그 결과 급속한 경제 성장을 이룰 수 있었지. 현재 중국은 영국과 독일까지 제치고, 미국과 일본 다음으로 세계 3위의 경제 대국이 되었어.

하지만 중국의 발전에는 문제도 많이 따랐어. 톈안먼 사건에서도 나타났듯이, 민주주의를 받아들이고 부패를 없애는 일이 큰 숙제로 남아 있어. 또한 빈부 격차도 점점 더 벌어졌지. 특히 8억 명에 이르는 농민들은 여전히 가난에서 허덕이고 있어. 무료 주택 공급이나 무료 의료 보험이 사라지고, 경쟁과 돈벌이가 최고의 미덕으로 떠오른 것도 문제야.

또한 수십 년에 걸친 마구잡이 개발로 환경도 점점 나빠졌어. 우리나라로 불어오는 황사가 우리 건강을 점점 더 위협하고 있듯이 말이야. 또 경제가 성장할수록 민족주의가 강화되었어. 그래서 안으로 티베트 같은 소수 민족의 독립 움직임을 억누르고, 밖으로 동북공정에서 보이듯이 주변 나라와 갈등을 일으키기도 한단다.

중국은 지금 사회주의와 자본주의를 결합해서, 새로운 길을 걸어가고 있어. 양쪽의 좋은 점이 잘 모인 것인지, 혹시 양쪽의 나쁜 점이 모인 것은 아닌지 더 지켜봐야 할 것 같아.

클릭! 역사 속으로
아시아적 가치를 바탕으로 번영을 이룬 리콴유

1960년대 초반, 영국의 식민지에서 갓 벗어난 싱가포르는 자원도 없고 돈도 없었어. 크기도 서울보다 조금 넓은 정도였지. 1965년에 싱가포르의 젊은 총리 리콴유는 새로운 돌파구를 찾아야 했어.

'어떻게 하면 영국에서 갓 독립한 싱가포르를 잘살게 할 수 있을까? 싱가포르가 잘살려면 돈과 물건, 사람을 끌어들여야 해.'

리콴유는 곧 자신의 생각을 국민에게 전달했어. 그리고 자신을 믿고 힘을 합치자고 호소했지. 그러면서 자신이 꼭 1명의 배우자, 2명의 아이, 3개의 침실, 4바퀴 달린 자동차, 일주일 동안 500달러의 소득. 이 모두를 모든 국민이 갖게 해 주겠다고 약속했어. 이것을 '12345 비전'이라고 해.

그 뒤 리콴유는 외국 기업을 끌어오고, 공항을 짓는 등 과감한 경제 개혁을 실시했어. 또 공무원의 부패를 몰아내는 데 온 힘을 쏟았지. 그리고 잘 발달된 사회 복지 제도를 갖추었어. 국민들 역시 리콴유를 믿고 정부의 말을 성실히 따르며 열심히 일했지. 그 덕분에 싱가포르는 아주 빠른 시간에 꿈만 같이 보이던 '12345 비전'을 이루어 냈지.

리콴유는 싱가포르가 이룬 발전을 두고 아시아적 가치가 실현된 것이라며 뿌듯해했어. 아시아는 가족과 전체를 강조하는 유교 전통이 강해서 서구 민주주의가 어울리지 않는다고 주장했지.

하지만 리콴유의 아시아적 가치는 독재 정치를 합리화하는 수단일 뿐이라고 손가락질하는 사람도 있어. 리콴유는 일당 독재를 하며 무려 30년 동안이나 싱가포르를 다스렸거든. 그런가 하면 아시아적 가치와 서구 민주주의를 다르게 보는 것은 잘못이라는 주장도 있어. 아시아에도 동학의 인내천 사상이나 유교의 왕도 정치 같은 민주주의 전통이 있다는 것이지. 아무튼 오늘의 싱가포르를 만든 것은 리콴유의 공이 크다고 할 수 있어.

신자유주의의 등장과 사회주의의 몰락

아시아가 급속한 성장을 이룩하는 동안, 세계 곳곳에서는 커다란 변화가 일어났어. 자본주의 나라들이 복지 국가나 수정 자본주의를 버리고, 이전의 자유방임주의 정책으로 되돌아간 거야. 그런가 하면 소련과 동유럽에서는 사회주의가 무너졌어. 이와 함께 냉전이 끝났어. 이후 자본주의의 물결이 전 세계를 뒤덮고, 미국의 패권주의가 세계를 휩쓸었지. 이런 일들은 왜 일어나게 되었을까? 이후 세계는 어떻게 변했을까?

영국과 미국에서 신자유주의가 등장하다

1978년 말~1979년 초, 영국의 겨울은 유난히 춥고 눈이 많이 내렸어. 엎친 데 덮친 격으로, 전국의 공기업 노동자가 파업을 벌이면서 나라 전체가 마비 상태에 빠졌지. 왜 파업을 했냐고? 임금을 올려 달라는 거였지. 석유 파동 이후, 실업이 늘고 물가는 계속 올랐어. 그런데 임금은 지난 3년 동안 그대로였거든.

노동자 파업으로 병원과 학교가 문을 닫고, 거리에는 쓰레기 더미가 흘러넘쳤어. 심지어 묘지 노동자까지 파업하는 바람에, 장례식도 치르지 못할 지경이었지. 그런데도 당시 노동당 정부는 속수무책이었어. 많은 사람이 노동자 파업과 노동당 정부의 무능에 불만을 터트리기 시작했어.

결국 그해 봄, 노동당 정부가 물러나고 총선이 벌어졌어. 보수당의 당수인 마거릿 대처가 목소리를 높였어. '철의 여인'이라는 별명이 붙었을 정도로 보수적이고 강경한 인물이었지.

"지금 우리는 심한 영국병을 앓고 있습니다. 문을 닫는 기업이 늘어나면서 실업이 늘어나고, 물가가 하늘 높은 줄 모르고 치솟고 있습니다. 그런데도 노동당 정부는 세금을 많이 걷어, 기업을 힘들게 했습니다. 노동자들도 임금을 올리라며 파업을 일삼았습니다. 보수당이 정권을 잡으면, 정부의 역할을 확 줄이겠습니다. 대신 개인과 기업의 자유를 늘려, 자유로운 시장 경제를 세우겠습니다. 노동자 파업도 그대로 보고만 있지 않겠습니다."

많은 사람이 대처의 말에 고개를 끄덕였어. 선거는 보수당의 승리로 끝이 났고, 대처가 수상이 되었지. 대처는 신자유주의 정책을 과감하게 밀어붙이기 시작했어. 정부의 역할을 줄이고, 대신 시장의 역할을 크게 늘린 거야.

우선 철강과 전기, 가스, 수도, 철도 등 정부가 거느린 공기업을 민영화했지. 공기업 노동자들이 파업을 하며 거세게 반대했지만, 대처는 물러서지 않았어. 기업이

1979년 2월 영국 런던의 거리 풍경이다. 청소부들의 파업으로 쓰레기 더미가 가득 쌓여 있다. 노동자들의 총파업이 이어진 1978년 말에서 1979년 초까지의 기간을 흔히 '불만의 겨울'이라고 부른다.

투자를 늘릴 수 있게 해야 한다며 세금도 줄였어. 그러면서 세금으로 운용하던 복지비도 크게 줄였지. 한마디로 제2차 세계 대전 이후에 영국이 펼쳤던 복지 국가 정책을 버리고, 이전의 자유주의로 되돌아간 거야.

대처의 신자유주의 정책에 부자와 기업은 환호성을 질렀지만, 가난한 사람과 노동자의 삶은 점점 어려워졌어. 당장 경제가 좋아진 것도 아니었고, 실업은 오히려 세 배로 늘었지. 그런 마당에 복지 혜택까지 줄었으니, 실업자를 비롯해 가난한 사람들의 삶이 얼마나 힘들었겠니?

대처는 나라 밖으로는 소련의 군비 증강을 강하게 비난하면서, 군비를 늘리는 정책을 폈어. '철의 여인'이라는 별명도 맨 처음 소련이 붙여 준 거야. 대처는 또한 아르헨티나와 포클랜드 전쟁을 벌여 영국의 힘을 과시했어.

대서양 건너 미국에서도 비슷한 일이 벌어졌어. 당시 미국은 두 차례의 석유 파동을 거치면서, 경제가 약해지고 있었어. 서독과 일본 같은 나라가 빠르게 치고 올라오면서, 경쟁에서 점점 밀렸지. 게다가 베트남, 이란 등에서 밀려나면서, 미국이 설 자리는 점점 줄어드는 것 같았어. 미국 사람들은 자존심에 큰 상처를 입었지.

결국 미국 사람들은 1980년의 대통령 선거에서 레이건을 압도적으로 지지했어. 레이건이 '강력한 미국'을 다시 만들겠다고 목소리를 높였기 때문이야. 대통령이 된 레이건은 크게 두 가지 정책을 펼쳤어. 신자유주의 정책과 냉전 정책이었지.

레이건은 나라 안에서는 정부 개입을 크게 줄이고, 기업과 부자에 대한 세금도 줄였어. 세금을 줄인 만큼 가난한 사람들에 대한 복지 혜택도 줄였지. 그리고 나라 밖으로는 공산주의 국가들에 대해 강경한 대결 정책을 펼쳤어.

레이건은 미국이 약해진 것은 모두 소련의 음모 때문이라고 생각했어. 그래서 소련을 힘으로 누르기 위해 핵무기를 늘리고 전략 방위 계획도 폈지. 전략 방위 계획은 레이저와 인공위성으로 소련의 핵미사일을 떨어뜨리는 계획을 말해. 그리고 미국에 반대하여 혁명이 일어나는 곳이면 어디든 군대를 보냈어.

신자유주의의 쌍두마차 영국과 미국

1. 1984년 10월 영국 석탄 노동자들이 경찰과 맞서고 있다.
2. 1982년 4월 18일, 영국 해병대가 포클랜드 전쟁 준비를 하고 있다.
3. 1983년 10월, 그레나다를 공격한 미군이 공산주의자로 의심되는 사람을 체포하는 모습이다.
4. 1986년 4월, 미국이 리비아를 폭격한 뒤 트리폴리 시내의 풍경이다.
5. 미국의 리비아 폭격으로 많은 건물과 자동차가 파괴되었다.
6. 레이건 정부의 '전략 방위 계획'을 나타낸 그림이다.
7. 레이건 대통령이 감세 정책을 설명하기 위해 자료를 제시하고 있다.
8. 영국의 대처 총리이다. 미국의 레이건 대통령과 함께 신자유주의 정책을 펼친 대표적인 지도자이다.

그런데 레이건의 신자유주의와 냉전 정책은 새로운 문제를 만들어 냈어. 가장 큰 문제는 빈부 격차가 더욱 심해졌다는 거야. 레이건의 세금 감면 정책으로 부자들은 더욱 부자가 되었어. 하지만 가난한 사람들은 여러 지원 정책이 크게 주는 바람에 아무런 희망도 없이, 알코올 중독과 마약에 빠져들었지. 이와 함께 미국에서는 폭력, 범죄, 에이즈 등이 새로운 사회 문제로 떠오르기 시작했어.

또 무역 적자도 늘어났어. 미국의 산업 경쟁력은 일본과 독일 같은 나라에게 추월당한 뒤에 계속 뒤처졌어. 그러니 세계 시장에서 수출은 크게 줄고, 수입이 크게 늘어날 수밖에 없었지. 거기다 정부의 재정 적자도 눈덩이처럼 불어났어. 세금을 줄이는 바람에 정부에 들어오는 돈은 줄었는데, 신무기 개발과 다른 나라에 군사 개입이 잦았기 때문이야. 씀씀이가 커지니, 빚이 자꾸 늘어날 수밖에 없었겠지?

또한 레이건이 주도한 핵무기 경쟁으로, 세계는 또다시 핵전쟁의 위험에 빠졌어. 강한 미국을 내세우며 다른 나라에 군사 개입을 자주 하면서, 세계 곳곳에서 반미 감정도 더욱 높아졌지. 미국이 레바논 내전에 뛰어들었을 때, 폭탄 테러 공격으로 미국 군인 240명이 죽기도 했어. 그 뒤로 미국 사람들에 대한 테러 공격은 갈수록 늘어났지.

사회주의가 무너지고 냉전이 끝나다

1980년대, 영국과 미국은 신자유주의 정책과 냉전 정책을 빠르게 밀고 나갔어. 이 무렵 소련은 오랜 경제 침체로 사람들의 생활이 어려웠어. 게다가 1979년부터 여러 해 동안 아프가니스탄의 친소 정부를 돕느라, 엄청난 군비를 쏟아 붓고 있었지. 엎친 데 덮친 격으로 미국 레이건 정부의 냉전 정책과 군비 경쟁에 맞서느라 어려움은 더욱 커지고 있었지.

그러던 중 1985년에 마흔다섯 살의 고르바초프가 소련 공산당의 새로운 서기장이 되었어. 고르바초프는 소련의 개혁이 필요하다고 생각했지.

"미국 같은 자본주의 나라와 쓸데없는 군비 경쟁에 매달릴 때가 아냐. 우선 안으로 눈을 돌려 뒤처진 정치와 경제를 뜯어 고쳐야 해."

고르바초프는 크게 두 가지 방향에서 국내 개혁을 펼쳤어. 하나는 페레스트로이카 정책이야. 개혁이라는 뜻으로, 자본주의 시장 경제를 도입한 것을 말해. 또 하나는 글라스노스트 정책이었어. 개방이라는 뜻으로, 개인의 자유와 정치적 자유를 보장하는 정책을 도입한 것을 말해.

고르바초프는 또한 아프가니스탄에서 군대를 철수하고, 미국과 핵무기 감축 조약을 맺었어. 냉전 정책을 포기한 거야. 이와 함께 동유럽 국가들을 더는 간섭하지 않겠다고 선언했어. 세계의 많은 사람이 소련의 개혁과 그 개혁이 가져올 변화에 큰 기대를 걸었지.

특히 동유럽 사회주의 나라 사람들은 개혁에 대한 요구와 기대가 풍선처럼 부풀어 올랐어. 당시 동유럽 나라 국민들은 당과 정부의 독재 아래서 고통 받았고, 일자리와 먹을 것도 부족했지. 하지만 동유럽 국가 사람들은 섣불리 불만을 터뜨리지 못했어. 자칫 헝가리와 체코슬로바키아처럼 소련에게 당할 수 있다고 생각했기 때문이야.

그렇기 때문에 고르바초프가 동유럽 국가에 간섭하지 않겠다고 선언하자, 그간 쌓인 불만이 개혁 요구로 터져 나왔지. 1989년, 헝가리를 시작으로 개혁과 민주화 물결이 동유럽 전체를 휩쓸기 시작했어. 9월, 동독에서도 민주주의를 요구하는 함성이 거세게 울려 퍼지기 시작했지.

"독재를 집어치워라!"

"언론의 자유를 보장하고, 자유로운 여행을 보장하라!"

공산당의 독재와 경제 불황에 항의하며, 동독 사람들의 시위가 한 달이 넘게 계속되었어. 그러나 동독 정부는 여전히 낡은 체제를 고집했지. 정부의 고집에 실망한 동독 사람 20여만 명이 국경을 넘어 서독으로 탈출했어. 동독 정부는 베를린 장벽을 넘는 사람들을 더는 막지 못하고, 장벽의 문을 활짝 열었지.

하지만 동독 사람들은 문이 열린 데 만족하지 않았어. 저마다 망치와 끌을 들고 나와, 장벽을 허물기 시작했지. 이때 무너진 것은 베를린 장벽만이 아니었어. 공산당은 수십 년간 동독을 다스려 왔지만, 이제 더는 버틸 수가 없었어. 1년 뒤인 1990년 10월, 마침내 사회주의 나라인 동독이 무너졌어. 그리고 자본주의 나라인 서독에 흡수 통일되었지. 분단된 지 41년 만에 독일 통일이 이루어진 거야.

한편 동유럽의 다른 나라에서도 새로운 정부를 세우기 위해 자유선거가 실시되었어. 선거에서 대부분 공산당이 아닌 다른 정당이 정권을 잡았지. 새로운 정권은 한결같이 자본주의 시장 경제를 도입하겠다고 약속했어.

그런데 소련은 더 놀라운 변화를 향해 줄달음질하고 있었어. 1990년 3월, 고르바초프는 새 헌법에 따라 소련의 첫 대통령이 되었지. 그는 계속 공산당에 남아 있었지만, 다른 정당의 정치 활동을 허용했어. 그리고 경제 정책에서도 변화를 시도했지.

동유럽 나라들은 계획 경제를 버리고, 시장 경제로 완전히 돌아섰어. 하지만 소련은 계획 경제와 시장 경제를 잘 결합하려 했어. 그런데 오히려 혼란만 커졌지. 그러자 어떤 사람들은 개혁 속도를 더 내야 한다고 목소리를 높였어.

"너무 더뎌! 이래서는 죽도 밥도 안 돼! 완전히 자본주의 시장 경제로 가야 해."

하지만 여전히 권력을 쥐고 있던 공산당의 보수파들은 생각이 달랐어.

1989년 11월 동독과 서독의 자유 왕래가 허용되자, 수천 명의 독일인이 베를린 장벽에 모여 기뻐하고 있다. 이로써 동서 냉전의 상징이었던 베를린 장벽은 무너지고 이듬해 독일은 통일을 이루었다.

"개혁이라고? 이러다가는 수십 년 동안 애써 쌓아 온 사회주의 성과를 다 말아먹고 말겠어."

1991년 8월, 공산당 보수파들은 쿠데타를 일으켰어. 그리고 고르바초프를 별장에 가둔 뒤에 국민들에게 발표했어.

"안타깝게도 대통령의 건강이 좋지 않아, 당분간 부통령이 나랏일을 대신 돌보기로 했습니다. 여러분은 아무 걱정하지 마십시오."

사회주의 나라 소련에서 공산당이 쿠데타를 일으키다니! 그러자 개혁파의 대표인 옐친이 공산당 보수파에 맞섰어.

"자유와 민주주의를 위해 함께 싸웁시다."

옐친의 연설에 모스크바 시민들이 열렬히 환호하며, 탱크와 군인들을 둘러쌌어. 결국 공산당 보수파의 쿠데타는 실패하고, 옐친은 영웅이 되었지. 그해 말 러시아 공화국을 비롯한 여러 공화국이 따로 독립 국가 연합을 만들었어. 그동안 소비에트 연방, 즉 소련으로 묶여 있다 여러 나라로 나뉘지기 시작한 거야. 마침내 소련이 해체되었어. 1922년 탄생한 세계 최초의 사회주의 국가가 70년 만에 역사 속으로 사라지고 말았지. 이와 함께 냉전 시대도 막을 내렸어.

미국이 세계의 경찰을 자처하다

소련이 무너지면서 냉전이 끝나자, 많은 사람이 앞으로는 '영원한 평화'가 펼쳐질 거라고 기대했어. 그동안 미국과 소련이 핵무기 경쟁까지 벌이며 대립했으니, 그럴 만도 했지.

하지만 그 기대는 곧 깨어졌어. 냉전이 끝난 1989년 이후부터 세계 곳곳에서 지역 분쟁이 일어났어. 냉전이 끝나기를 마치 기다렸다는 듯이 여기저기서 봇물처럼 터져 나왔지. 그러자 세계 유일의 군사 대국이 된 미국이 세계 경찰을 자처하고 나섰어. 인도주의와 평화를 내세우며, 곳곳에 군대를 보냈지.

지역 분쟁이 심한 곳 중 하나는 이전에 사회주의 나라였던 곳이었어. 그중에서도 유고슬라비아에서 분쟁이 심했지. 유고슬라비아는 여러 민족과 종교로 이루어진 연방 국가였어. 그동안 티토 같은 강력한 지도자와 사회주의라는 공통의 이념 덕분에, 민족과 종교의 차이가 덮여 있었지.

그런데 1980년에 티토가 죽고 최근에 사회주의까지 무너지자, 나라가 분열되기 시작했어. 같은 종교와 민족끼리 독립 국가를 만들겠다고 나선 거야. 그러자 연방과 독립국, 독립국과 독립국 사이에, 또 독립국 안에서 내전이 일어났어. 나치의 유대인 학살 이후 최악의 인종 학살이 벌어졌지. 단지 종교와 인종이 다르다는 이유로 말이야.

아프리카와 서아시아에서도 지역 분쟁이 계속 터져 나왔어. 이 지역은 예전에 제국주의 국가가 마음대로 영토를 가르고 합쳤어. 그래서 독립한 이후에도 항상 갈등을 안고 있었지. 이라크와 쿠웨이트도 그중 하나였어.

원래 쿠웨이트는 이라크의 영토였어. 그런데 20세기 초 제국주의 국가인 영국이 이라크의 뜻과 상관없이, 멋대로 국경선을 긋고 쿠웨이트라는 나라를 만들었어. 이곳에 엄청난 석유가 묻힌 걸 알았기 때문이야.

하지만 이라크는 쿠웨이트를 독립 국가로 인정하지 않았고, 기회만 있으면 다시 합치려 했어. 물론 그때마다 영국이 나서서 이를 방해했지. 그러던 중 냉전이 끝나자, 1990년 8월 이라크가 쿠웨이트를 침공했어.

미국은 쿠웨이트가 이라크에 넘어가는 것을 두고 볼 수 없었어. 그렇게 되면 석유가 풍부한 이웃 사우디아라비아까지 위험해지고, 미국과 세계 경제가 큰 타격을 받을 게 불 보듯 뻔했거든. 미국은 32개 나라로 다국적군을 꾸려, 이라크를 공격했어. 걸프 전쟁이 터진 거야.

1991년, 전 세계 사람들은 텔레비전을 통해 미국이 이라크를 공격하는 장면을 생생하게 볼 수 있었어. 전쟁은 마치 미국이 전자오락 게임을 하는 것 같았어. 미국은 군사 위성을 통해, 이라크 군의 움직임을 손금 들여다보듯 감시했지.

미국의 미사일과 전투기는 사막의 모래 속에 숨겨 둔 이라크의 탱크를 정확하게 찾아냈어. 그리고 순식간에 산산조각 냈지. 이라크 군대의 스커드 미사일도 미국의 패트리엇 미사일에 맞아 공중에서 떨어졌어. 이렇게 한 달 남짓 이라크를 공

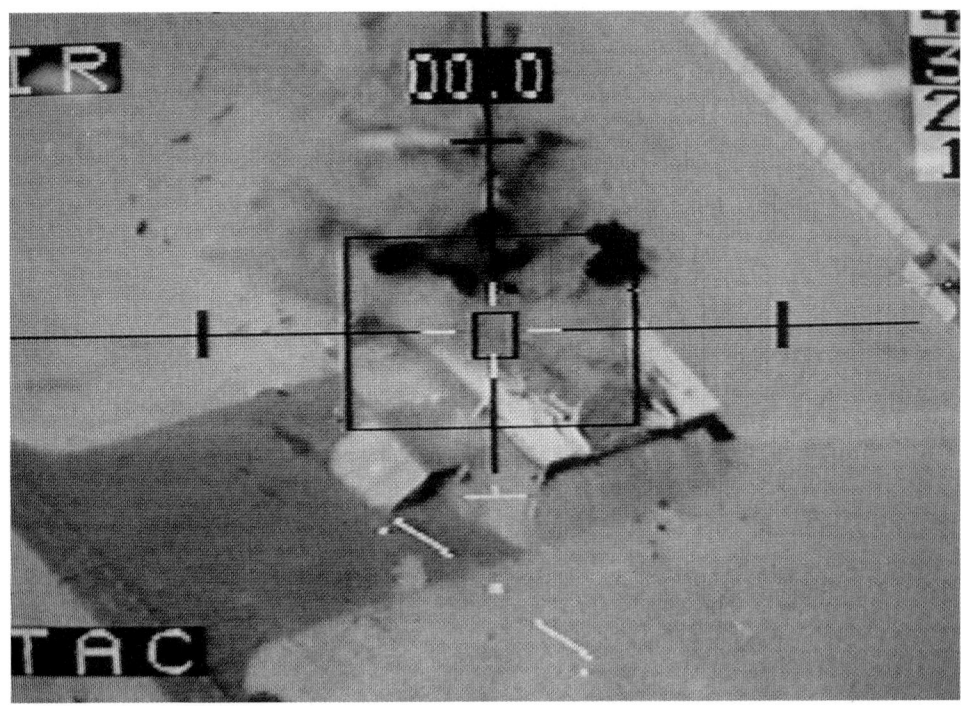

1991년 걸프 전쟁 당시 텔레비전을 통해 이라크 군의 탄약고를 폭파하는 장면이 방송되고 있다. 전쟁 장면이 마치 운동 경기처럼 중계되면서, 전 세계 사람들은 새삼 미국의 군사력에 놀랐다.

습한 다음, 마지막으로 지상군을 들여보냈지. 미국은 전쟁을 시작한 지 단 4일 만에 이라크의 항복을 받아 내고, 이라크 군을 쿠웨이트에서 몰아냈어.

전쟁을 텔레비전으로 지켜보면서, 세계 사람들은 미국의 군사력이 얼마나 센지 새삼 깨달았지.

"미국의 군사력은 정말 무시무시하구나. 함부로 덤볐다간 뼈도 못 추리겠는걸."

하지만 세계 사람들은 미국의 힘이 예전처럼 강하지 않다는 것도 알게 되었어. 미국은 전쟁 비용을 마련하지 못해 독일, 일본, 사우디아라비아 같은 부자 나라에 전쟁 비용을 떠넘겼지. 한국도 5억 달러의 전쟁 지원금을 내야 했어. 군사력은 미국이 세계 최고이지만, 경제력은 예전 같지 않다는 사실이 분명하게 드러났지.

당시 미국 경제는 문제가 아주 심각했어. 특히 레이건 정부 시절에 시작된 무역 적자와 재정 적자가 계속 늘어났지. 오죽하면 걸프 전쟁 때 미국이 다른 나라의 돈을 걷어서 전쟁을 했겠니?

그럼, 미국이 풀어야 할 가장 중요한 숙제는 무엇일까? 미국은 군사력은 가장 강하지만, 경제력은 크게 약해졌어. 그러니 당연히 미국 경제를 되살리는 게 중요하겠지?

"문제는 경제야, 이 바보야!"

1992년 대통령 선거에서 민주당 후보 클린턴이 이 구호로 대통령에 당선되었어. 클린턴의 등장으로 세계는 세계화의 거센 물결에 뒤덮이게 돼.

클릭! 역사 속으로

신자유주의의 깃발을 치켜든 마거릿 대처

1979년 봄, 영국은 총선거를 앞두고 있었어. 영국은 오랫동안 노동당이 다스려 왔어. 그런데 보수당의 당수인 마거릿 대처가 도전장을 내밀었지.

어느 날, 대처는 장바구니 2개를 들고 동네 슈퍼마켓 앞에 나타났어. 오른손에 든 푸른색 장바구니에는 빵, 버터, 고기 등이 가득 있었어. 왼손에 든 분홍색 장바구니에는 물건이 절반밖에 차 있지 않았지. 대처는 국민들에게 이렇게 말했어.

"오른손의 장바구니에 가득 찬 것은 1974년 보수당 시절에 1파운드로 살 수 있었던 식료품입니다. 왼쪽은 현재 노동당 정권에서 1파운드로 살 수 있는 식료품입니다. 만일 노동당이 다시 집권한다면 어떻게 될까요? 1파운드로 쇼핑을 하려면, 장바구니가 아니라 그저 작은 봉투 한 장이면 충분할 것입니다."

5월 3일, 선거 개표 결과가 발표되었어. 보수당이 노동당을 크게 누르고 승리했지. 마거릿 대처는 영국의 첫 여성 수상이 되었어.

대처는 그전까지 나라를 쥐락펴락하던 노조와 전쟁을 시작했어. 이전 영국은 노조가 파업을 자주 일으키면서 노동자의 임금이 많이 올랐어. 그런데 임금이 오르면 그만큼 물가가 올랐고, 그러면 다시 임금을 올려야 했지. 그럼 또 물가가 오르고……. 영국은 오랫동안 이런 상황이 계속되었어. 이를 '영국병'이라고 해.

대처는 노조를 강하게 누르고 본격적인 경제 살리기에 나섰어. 부자와 기업의 세금을 깎아 주고, 이익을 내지 못하는 전기, 철도 같은 국영 기업을 과감하게 민간에 팔아넘겼지. 이런 대처의 정책은 부작용이 있긴 했지만 어느 정도 성공을 거두었어. 1980년대 들어 영국 경제는 성장했고, 대처는 '영국병'을 치유한 '철의 여인'이라는 찬사를 들었지.

대처의 정책은 요즘의 신자유주의와 흐름을 같이해. 신자유주의는 경제를 성장시키지만, 빈부의 차이를 더 크게 하고 사회 복지를 후퇴시키지. 이 때문에 대처는 찬사와 더불어 비판도 함께 받고 있어.

세계화의 빛과 그늘

사회주의가 무너지고 자본주의가 세계를 휩쓸면서, 세계는 놀라운 변화의 소용돌이에 말려들었어. 물자와 사람, 돈, 정보, 문화 등 모든 것이 국경을 넘나들며 뒤섞이기 시작했지. 집에 가만히 앉아서도, 세계 어느 곳의 물건이든 살 수 있게 되었지. 지구는 정말 한동네가 되었어. 어떻게 이런 일이 일어나게 되었을까? 이제 세계와 사람들의 삶은 어떻게 바뀌었을까?

| 세계화의 물결이 지구 전체를 뒤덮다 |

1992년에 미국 대통령 선거에서 당선된 클린턴은 신경제를 부르짖었어. 경제 성장률이나 1인당 국민 소득 같은 숫자를 늘리기보다는 일자리를 만들어 내는 데 온 힘을 기울였지. 그리고 컴퓨터와 인터넷을 이용한 새로운 지식 정보 산업을 육성시켰어.

"어차피 미국의 제조업은 경쟁력이 없어. 미국 경제를 살리려면, 경쟁력을 갖고 있는 지식 정보 산업, 금융업, 서비스업을 키우는 것밖에 다른 길이 없어."

지식 정보 산업과 금융업을 중심으로 미국 산업의 경쟁력이 살아나자, 클린턴은 다른 나라에 시장 개방과 세계화를 요구했어. 그리고 국제 통화 기금과 세계 은행을 앞세워, 세계 시장을 하나로 통합하는 일에 발 벗고 나섰어.

미국의 적극적인 노력으로 1995년에 새로운 세계 무역 기구(WTO)가 만들어졌어. 전 세계 나라를 자유 무역으로 묶으려는 기구였지. 세계 무역 기구 체제는 이전의 '관세 및 무역에 관한 일반 협정(GATT)' 체제와 여러 모로 달랐어.

GATT 체제에서는 나라마다 자기 나라의 사정에 따라 무역 장벽을 두어, 다른 나라 상품이 쉽게 들어오지 못하게 할 수 있었어. 하지만 WTO 체제에서는 그런 무역 장벽을 두지 못하게 했지. 또한 자유 무역의 대상이 GATT 체제보다 크게 늘었어. 단순히 상품뿐만 아니라 서비스와 지적 재산도 세계 무역 기구 체제에 포함시킨 거야. 이런 분야는 미국이 특히 강한 분야였지. 그런가 하면 세계 무역 기구의 권한도 전보다 커졌어. 무역을 둘러싸고 나라 사이에 다툼이 일어나면, 이를 해결할 강력한 힘을 가지게 되었지.

미국을 선두로 일본과 유럽의 선진 자본주의 나라들은 WTO 체제를 내세워, 세계의 모든 나라에 온갖 간섭을 했어. 그리고 통상뿐 아니라 문화, 교육, 보건, 환경 등 거의 모든 분야에 걸쳐 개방을 요구했지.

세계 무역 기구 체제의 등장과 함께 선진 자본주의 나라의 다국적 기업들은 글

2008년 6월 9일, 애플의 최고 경영자 스티브 잡스가 아이폰을 세계 70개국에서 판매하겠다고 발표하는 모습이다. 이처럼 현대 사회의 기업은 하나의 지구촌 세계를 무대로 경제 활동을 펼쳐 나가고 있다.

인터넷[*]
전 세계의 컴퓨터가 서로 연결되어 정보를 교환할 수 있는, 하나의 거대한 컴퓨터 통신망이다. 1969년 미국 국방성이 군사 목적으로 4개 대학의 컴퓨터를 연결한 것이 시작이었다.
오늘날에는 전 세계를 연결하는 거대한 통신망의 집합체가 되었다.

로벌 기업으로 변신을 선언했어. 세계 모든 나라의 사람을 대상으로 물건을 팔겠다는 뜻이지. 그래서 엄청나게 많은 상품과 자본, 사람과 문화가 국경을 넘어 자유롭게 전 세계로 흘러 다녔어. 이렇게 나라와 나라의 경계선을 넘어서서 사람들의 삶이 하나로 이어지는 것을 세계화라고 해. 세계 11위의 경제 대국으로 성장한 한국도 예외가 아니었지.

물론 세계화가 1990년대에 처음 시작된 것은 아니야. 인류는 일찍부터 다른 지역과 문물을 주고받으며, 다양하고 풍요로운 문명을 발전시켜 왔어. 시간이 흐르면서 세계화의 범위도 넓어지고, 규모도 커지고 속도도 빨라졌지.

그런데 1990년대의 세계화는 이전과 엄청나게 달랐어. 세계의 모든 지역이 동시에 하나로 이어졌고, 사람들의 삶과 관련된 거의 모든 것이 세계화되었지. 1990년대에 세계화가 이렇게 엄청난 규모와 속도, 범위로 펼쳐질 수 있었던 것은 크게 두 가지 이유 때문이야.

하나는 사회주의 나라가 무너지고, 자본주의 시장 경제로 세계가 통합되었기 때문이야. 바로 세계가 하나의 거대한 시장이 된 거지. 그렇기 때문에 뉴욕의 무역업자가 스위스 은행에서 사업에 필요한 돈을 빌리고, 일본의 기계와 중국의 면을 사들여서, 아이티에서 옷을 만들어, 유럽에 완성된 제품을 팔 수 있게 되었지.

또 하나는 컴퓨터와 인터넷[*] 같은 정보 통신 기술의 눈부신 발달 때문이야. 기업들이 더욱 넓어진 세계 시장을 무대로, 국경을 손쉽고 빠르게 넘나들 수단이 등장한 거지. 컴퓨터와 인터

1980년대부터 컴퓨터와 인터넷이 빠르게 발달하면서 전 세계는 하나로 연결되었다. 그러면서 세계는 빠르게 세계화 시대로 접어들었다.

넷 덕분에 은행은 몇 초 만에 수백만 달러를 송금하고, 기업은 버튼 하나로 국제 거래를 할 수 있게 되었지.

이 무렵 세계화를 앞장서서 이끈 사람들은 세계 전체에 장밋빛 미래가 펼쳐질 것이라고 주장했어.

"세계화가 되어 국경이 사라지고 온 세계가 하나로 이어지면, 싸울 일이 별로 없을 것이다. 또 세계적인 차원에서 경쟁이 심해지면 남보다 더 창의적인 지식과 기술을 만들기 위해 노력할 것이고, 그만큼 부는 더욱 늘어날 것이다. 이와 함께 세계화가 진행될수록 인권, 남녀평등, 민주주의를 보편적인 가치로 받아들이게 될 것이다."

지구촌 세계가 위기에 휩싸이다

세계화가 장밋빛 미래를 가져다주리라는 약속에, 사람들의 기대가 잔뜩 부풀어 있던 무렵이었어. 그런데 1997년에 아시아 여러 나라에 외환 위기가 덮쳤지. 외환 위기는 그해 7월 타이에서 처음 시작되었어. 이후 인도네시아, 말레이시아, 필리핀으로 걷잡을 수 없이 퍼져 나갔지. 그러다 마침내 12월에는 한국에까지 밀어닥쳤어.

외환 위기로 달러가 순식간에 빠져나가자, 아시아 나라들은 국가 부도 사태에 직면했지. 이런 국가 부도 사태를 배경으로, 한국에서는 1998년에 김대중 정부가 들어섰어. 정부 수립 후 처음으로 야당이 대통령 선거에서 승리했지. 인도네시아에서는 수하르토 정권이 33년 만에 무너졌어. 2000년, 타이완 역시 국민당이 50여 년 만에 패배하고 야당 후보가 총통이 되었어.

결국 아시아 나라들은 국제 통화 기금에 도움을 청했어. 국제 통화 기금은 각 나라에 돈을 빌려 주는 대신, 경제를 뜯어고치라고 요구했어. 정부도 역할을 확 줄이고, 기업도 문어발식으로 벌인 갖가지 사업을 몇 가지로 줄이라는 거였지. 그러자 수백만 명이 일자리를 잃고, 하루아침에 길거리로 내몰렸어.

왜 이런 일이 일어났을까? 가장 큰 이유는 국제 투기 자본 때문이었어. 세계화 이후 국제 투기 자본이 무차별하게 국경을 넘나들며, 곳곳에 거품 경제를 만들어 냈어. 그러고는 이익을 챙겨서 순식간에 빠져나갔지. 정보 통신의 발달로 한 나라의 충격은 곧바로 이웃나라로 번져 나갔어. 아시아 나라를 비롯해 더 많은 나라에서 경제 위기가 일어나고, 수많은 사람이 실업자가 되었어. 풍요를 약속하던 세계화는 순식간에 악몽으로 변했지.

세계화가 세계에 장밋빛 미래를 가져다줄 것이라는 주장은 사실과 달랐어. 세계화는 막대한 자본과 기술력을 가진 선진국에게 유리했어. 그중에서도 특히 대기업과 부자들에게 유리했지.

이에 따라 선진국과 후진국의 격차는 더욱 벌여졌고, 한 나라 안에서도 부자와 가난한 사람 사이의 격차는 더욱 심해졌어. 전 세계 가난한 사람 25억 명이 1년 동안 벌어들인 것보다 세계 225명의 부자가 가진 재산이 더 많아. 미국에서도 가난한 미국인 1억 명의 재산을 모두 합친 것보다 세계적인 부자인 빌 게이츠의 재산이 더 많아.

세계화의 물결은 경제뿐 아니라 문화까지도 휩쓸었어. 특히 미국은 강자의 논리, 경제의 논리로 문화에까지 패권주의를 휘둘렀지. 마침내 미국의 햄버거와 할리우드 영화는 이전의 공산주의 나라에까지 파고들게 되었고, 영어는 전 세계의 필수 언어가 되었어. 미국의 문화 산업은 이미 2002년을 기준으로 순이익 600조

이슬람 근본주의[*]
이슬람 교 경전인 『쿠란』을 기본으로, 철저한 율법 준수와 신에 의한 통치를 주장한다. 또한 유럽의 정치 사상과 사회 제도를 배격한다.

원을 돌파했고, 그중 절반이 해외에서 벌어들인 거였지. 우주 항공 산업이나 자동차 산업을 넘어서는 수익이야.

세계화는 평화와도 거리가 멀었어. 세계화 이후에도 지구촌 곳곳에서 테러와 전쟁이 끊이지 않았지. 2001년 9월 11일, 여러 대의 여객기가 뉴욕의 세계 무역 센터 쌍둥이 건물과 워싱턴의 국방부 건물을 들이받았어. 쌍둥이 건물이 눈 깜짝할 사이 무너지고, 수천 명이 목숨을 잃었지. 전 세계 사람들이 텔레비전으로 이 장면을 지켜보고, 엄청난 충격에 빠졌어.

주범은 '알 카에다'였어. 미국이 사사건건 이스라엘을 돕고, 이슬람 나라들을 괴롭혔다는 것이 테러 이유였지. 알 카에다는 이슬람 근본주의[*]를 내세우는 테러리즘 조직인데, 사우디아라비아 출신의 오사마 빈 라덴이 이끌었어.

"이번 기회에 테러 조직을 뿌리 뽑고야 말겠어."

미국의 조지 부시 대통령은 알 카에다 세력이 숨어 있던 아프가니스탄에 이어 2003년에는 이라크까지 공격했어. 이라크의 후세인 정권이 대량 살상 무기를 만들어, 테러 조직을 돕는다는 이유였지. 결국 미국은 이라크의 후세인 정권을 무너뜨렸지만, 이라크에는 대량 살상 무기가 없었어. 부시는 겉으로는 테러 조직을 뿌리 뽑겠다는 이유를 내세웠지만, 다른 속셈이 있었던 거야. 바로 석유였지. 이후 테러가 사라지기는커녕 더 많은 테러가 일어났어.

2001년 9월 1일 미국 뉴욕의 세계 무역 센터 쌍둥이 빌딩이 알 카에다의 테러 공격으로 불타고 있다.

그런데 테러와 전쟁보다 더 무서운 것이 있어. 바로 굶주림과 가난이야. 특히 아프리카 사람들이 많이 굶어 죽었어. 북한에서도 1995년에서 2004년 사이에 200만 명이 넘는 사람이 굶어 죽었지. 지금도 세계에서는 열 살 아래의 어린이가 5초에 1명꼴로 굶어 죽어 가고 있어. 또 세계 인구 7명 중 1명꼴로 심각한 영양실조에 시달리고 있어.

그것은 세계의 부가 불평등하게 나뉘어져 있기 때문이야. 가난한 나라에서 수많은 사람이 제대로 먹지 못해 죽어 가는 동안, 부유한 나라에서는 먹을 것이 남아돌아 입도 대지 않은 음식이 쓰레기통에 버려지고 있어. 또 부유한 나라에서는 엄청난 양의 식량을 일부러 불태우거나 땅에 파묻기도 해. 농산물의 양을 줄여서 농산물 가격을 높이기 위해서지.

한편, 천연자원의 고갈이나 지구 생태계 파괴 문제도 갈수록 심각해지고 있어. 전 세계 많은 기업이 앞다투어 더 많은 물건을 생산하고, 전 세계 많은 사람이 더 많은 물건을 소비하는 데 매달리면서 생긴 일이야.

이처럼 세계화로 인류는 이전보다 더 많은 부를 만들어 냈어. 하지만 빈부 격차는 더욱 늘어났고, 사람들의 삶은 더욱 불안해졌지. 이와 함께 인류와 지구의 생존도 점점 위태로워졌어.

지구촌 세계가 '지속 가능한 발전'을 부르짖다

지구촌 세계가 위기에 휩싸이자, 지구촌 시민들은 물론 국제기구와 심지어 각 나라 정부까지도 위기 해결에 발 벗고 나서기 시작했어.

그 시작은 세계 곳곳의 시민들이었어. 이들은 지구촌의 위기를 해결하기 위해, 각자의 자리에서 각 나라의 정부를 상대로 활발하게 움직였지. 이런 움직임은 처음에는 따로따로 펼쳐졌어. 예를 들면 선진국 따로 후진국 따로, 노동 운동 따로 환경 운동 따로였지. 하지만 곧 지구촌 차원으로 확대되면서, 하나로 이어지기 시작했어.

"지금 우리 앞에 닥친 문제는 어느 한 나라, 계급만의 문제가 아니야. 인류와 지구 전체의 생존이 걸린 문제야."

"맞아. 그리고 이 문제는 전 세계 사람이 손을 잡고 나서지 않으면 해결할 수 없어."

1999년 11월, 미국 시애틀에 4만 명이 넘는 시위대가 전 세계에서 모여들었어. 당시 시애틀에서는 세계 무역 기구가 다자간 투자 협정을 마련하려고 총회를 열고 있었지. 다자간 투자 협정이 뭐냐고? 다국적 자본이 어느 나라에서나 자유롭게 투자할 수 있게 한다는 내용이야. 이 비밀 계획을 캐나다의 작은 여성 운동 단체가 알아내서, 인터넷으로 퍼트렸어. 전 세계에서 분노한 많은

1999년 11월 시애틀 세계 무역 기구의 다자간 투자 협정 총회 반대 투쟁 당시 등장한 피켓이다. 맨 위쪽에 '기업의 횡포에 저항하라'는 글귀가 적혀 있다.

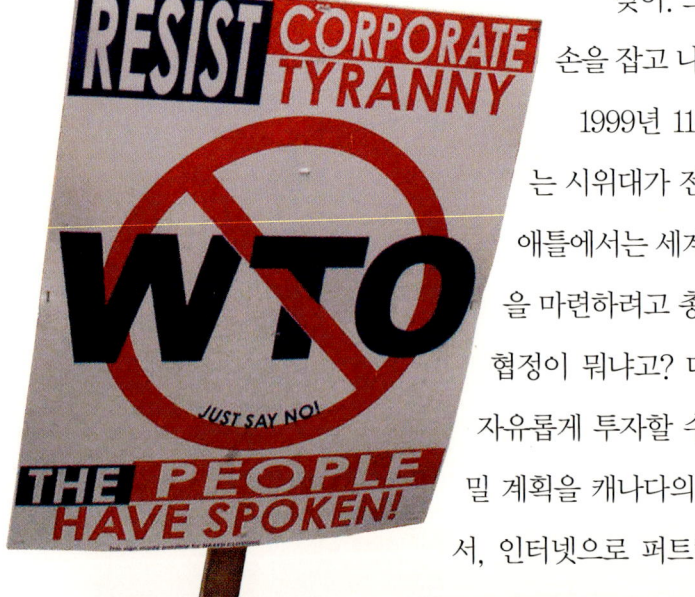

사람들이 시애틀로 모여든 거야.

시애틀의 시민들을 비롯해 세계 여러 나라의 노동 단체, 농민 단체, 환경 단체, 소비자 단체 같은 각종 비정부 시민 단체에서 모인 많은 사람이 세계 무역 기구 총회가 열리는 회담장을 에워쌌어. 그리고 한목소리로 구호를 외쳤지.

"세계는 상품이 아니다"

"다른 세계는 가능하다"

4만 명이 넘는 시위대의 시위가 이어지면서, 결국 세계 무역 기구 총회는 실패로 끝이 났어. 시애틀에 모인 지구촌 시민들은 환호성을 질렀지.

"시애틀 투쟁은 대성공이었어. 하지만 거리에서 저항하는 것만으로는 문제를 해결할 수 없어. 어떤 세계를 만들어 낼 것인지, 서로 진지하게 토론하고 대화할 필요가 있어."

지구촌 시민들은 2001년부터 해마다 브라질 포르투알레그레에서 세계 사회 포럼을 열었어. 기업가와 정치가들이 스위스 다보스에서 여는 세계 경제 포럼에 맞선 거야. 세계 사회 포럼에서 사람들은 "다른 세계는 가능하다"라는 구호를 내걸고, 머리를 맞대고 세계화의 대안을 모색했지.

그리고 2003년 2월 15일, 세계 곳곳에서 미국의 이라크 침공 반대 시위가 동시다발로 벌어졌어. 시위에 참여한 사람이 무려 1,000만 명이 넘었지. 지구촌 곳곳의 시민들이 반전 평화 운동에 함께 나선 거야.

지구 지키기에 나선 어린이들
1. 2006년 7월, 인도 여학생들이 호랑이와 밀림 보호 운동을 펼치고 있다.
2. 2007년 12월, 필리핀 학생들이 포장지 사용을 줄여 기후 온난화를 막자는 운동을 펼치고 있다.
3. 2008년 10월, 세계 각국의 어린이들이 한국에서 열린 환경 올림픽인 람사르 총회에서 '건강한 습지, 건강한 인간'이라고 적힌 글귀를 들어 보이고 있다.

비정부 기구*
정부의 간섭과 지원을 받지 않는 민간 기구이다. 환경, 인권, 여성 문제 등 사회의 다양한 문제 해결을 위해 활동한다.

유네스코*
국제 연합 전문 기관의 하나이다. 교육, 과학, 문화의 보급과 국제 교류 증진을 통한 국제간의 이해와 세계 평화를 추구한다. 본부는 프랑스 파리에 있다.

이외에도 지구촌 시민들은 노동 운동, 환경 운동, 여성 운동, 소비자 운동 등 다양한 운동을 펼치고 있어. 지구촌 세계를 위기에서 구하고, 인류와 지구를 살리기 위해서 말이야.

지구촌 시민들이 나서자, 국제 연합과 각국 정부도 발 벗고 나서기 시작했어. 1987년, 국제 연합의 환경과 개발에 관한 세계 위원회는 「우리 공동의 미래」라는 보고서를 발표했어. 이 보고서에서 '지속 가능한 발전'이라는 개념이 처음으로 등장했지. 발전이 우리 세대는 물론 다음 세대에게도 계속해서 이어져야 한다는 뜻이야. 환경과 자원을 파괴하지 않으면서, 경제 성장과 사회 발전을 이룩하자는 거지.

1992년, 리우데자네이루에서 지구 정상 회담이 열렸어. 여기에는 각국 정부 대표뿐 아니라 수많은 비정부 기구* 대표도 함께 모였지. 이들은 지구가 인류 공동의 자산이며, '지속 가능한 발전'이 온 인류가 추구하고 실현해야 할 가치라고 선언했어.

2005년 10월, 유네스코* 총회에서는 '문화 다양성 협약'이 압도적인 지지를 받아 채택되었지. 도서, 영화, 음악 같은 문화 상품과 서비스는 일반 상품 및 서비스와 달리, 한 사회의 가치관과 정체성을 담고 있어. 그래서 일반 상품과 똑같이 취급해서는 안 된다는 거였지.

오늘날 지구촌 세계에 닥친 여러 위기와 문제는 개개인이 각자 경쟁력을 키우며, 생존을 추구하는 것으로는 해결할 수 없어. 지구촌 시민, 비정부 기구, 국제기구, 각국 정부가 머리를 맞대고, 손을 맞잡으려 하는 것도 다 이런 이유 때문이지.

클릭! 역사 속으로
'나에서 우리로' 정신을 실천한 크레이그 킬버거

"파키스탄의 어린 소년인 이크발은 네 살 때 부모의 빚을 갚기 위해 양탄자 공장에 팔려 갔다. 이크발은 공장에서 베틀에 묶여 하루 12시간씩 일했다. 이크발은 웃을 수 있는 자유와 놀 수 있는 자유, 학교에 갈 자유를 빼앗겼다. 열 살 때 겨우 양탄자공장에서 탈출했으나 아동 노동에 반대하는 활동을 하다가 살해당했다."

1995년 어느 날, 열두 살의 캐나다 소년인 크레이그 킬버거는 파키스탄 소년 이크발의 기사를 읽었어. 그리고 엄청난 충격을 받았지.

"나는 부모님의 사랑 속에서 학교에 다니며 인라인 스케이트도 맘껏 탈 수 있어. 그런데 지구 어딘가에서 2억 명이 넘는 아이들이 이크발처럼 힘들게 살고 있다니……."

그 뒤 크레이그는 파키스탄에 가서 힘들게 사는 아이들의 모습을 하나하나 비디오카메라로 찍었어. 창문도 없는 공장에서 사탕을 봉지에 담는 소녀, 축구공을 꿰매는 맨발의 소년 등, 아이들이 당하는 고통을 아주 생생하게 담았지.

크레이그는 캐나다에 돌아와 자신이 찍은 비디오테이프를 자기 반 친구들에게 보여 주며 말했어.

"우리 같은 어린아이들이 고통 받고 있어. 너희도 돕고 싶지 않니?"

친구들은 열렬히 호응했어. 크레이그와 11명의 친구들은 함께 '어린이에게 자유를(Free The Children)'이라는 단체를 만들었지. 그리고 방송과 언론을 통해 더 많은 사람의 참가를 호소했어. 많은 사람이 어린 크레이그의 호소에 박수를 보내고 힘을 보탰지. 크레이그의 작지만 용감한 실천이 사람들을 움직인 거야.

그 뒤부터 '어린이에게 자유를'은 지금까지 전 세계 100만 명이 넘는 어린이를 도왔어. 크레이그 역시 이제 20대 청년이 되었어. 크레이그는 세상 사람들에게 지금도 이렇게 말하고 있어.

"늘 자기 자신만을 염려하며 오로지 자기 자신만을 위해 사는 것은 결코 자기를 돕는 길이 아닙니다. 나에서 우리로 눈을 넓혀 다른 사람들을 돕는 것이야말로 자기를 돕는 진정한 길입니다."

우리가 함께 희망을 만들어 가요

왜 내가 나서야 할까?

　오늘날 너와 내가 사는 지금 이 세계는 수많은 문제로 몸살을 앓고 있어. 전쟁, 테러, 폭력, 가난, 불평등, 차별, 자원 고갈, 환경 파괴가 오늘날의 삶과 미래의 삶을 위협하고 있지. 모두가 이런 문제에 고개를 돌린 채 나만 잘살면 그만이라는 생각을 하며 살아간다면, 이런 문제를 해결하기 위해 지금 여기서 내가 뭔가를 하지 않는다면, 나와 가족 그리고 온 인류의 삶은 어떻게 될까? 아마 틀림없이 끔찍한 불행에 빠져들고 말 거야. 지금 여기서 나부터 나서야 해.

세계를 바꾸는 국제 시민운동 단체
1. 그린피스 – 멸종 위기 동물 보호, 핵 실험 반대, 핵과 화학 폐기물 감시 활동
2. 지구의 벗 – 지구 온난화 방지, 산림 보존, 생물 다양성의 보존 활동
3. 세계 자연 보호 기금 – 세계의 야생 동물 보호 활동
4. 어린이에게 자유를 – 아동 노동 보호, 구호 활동과 학교 건립 기금 마련, 열악한 보건 환경 개선 활동
5. 국경 없는 의사회 – 전쟁·기아·질병·자연 재해 현장의 주민 구호 활동
6. 국제 앰네스티 – 인권 보호와 증진 활동
7. 국제 투명성 기구 – 국제적·국가적인 부패를 억제하는 활동

왜 다른 사람과 손을 맞잡고 머리를 맞대야 할까?

우리 앞에 닥친 문제들은 특별히 불행에 빠진 몇몇 사람만의 문제가 아니야. 우리 모두와 우리 후손의 삶이 걸린 공통의 문제이지. 또 몇몇 사람이 힘을 합친다고 해결할 수 있는 문제도 아니야. 우리 모두가 손을 맞잡아 힘을 합치지 않으면 해결할 수 없어. 더군다나 힘만 합친다고 간단히 해결되는 문제도 아니야. 서로 처지가 다르고 생각이 다른 사람들이 머리를 맞대어 지혜를 합치지 않으면 해결할 수 없어. 그리고 그것은 그저 남을 위한 것이 아니라 바로 자기 자신을 포함한 우리 모두를 위한 것이야.

우리가 만든 세상!

보태는 말

마주 보며 나누는 마지막 이야기

역사를 공부하면 많은 것을 배우게 돼. 무엇보다도 사람들이 살아가는 방식이 시대마다, 지역마다 참 다양하다는 것을 알 수 있어. 그리고 사람들이 살아가는 방식이 시간이 흐르면서 끊임없이 바뀌어 간다는 것을 알게 되지.

그러다가 문득 자기도 모르게 '오로지 지금 우리가 살아가는 방식뿐인 줄 알았는데, 사람들이 살아가는 방식은 참 다양하구나. 그리고 지금 살아가는 방식도 원래부터 존재하던 것이 아니라 그 이전 사람들이 만들어 낸 것이고, 그러니까 지금의 방식도 언젠가는 변할 수 있겠구나' 하고 생각하게 될 거야.

또 역사를 공부하면 늘 새삼스럽게 확인하게 되는 것이 있어. 인간은 개인으로 살아가는 것이 아니라 집단이나 공동체 속에서 살아갈 수밖에 없는 존재라는 거야.

아무리 개인이 행복하게 살아가고 싶어도, 더불어 살고 있는 사람들과 사회가 뒷받침해 주지 않으면 그 꿈을 이룰 수가 없어.

그래서 정말로 행복한 삶을 꿈꾸는 사람일수록 집단과 공동체를 발전시키는 일에 관심을 가지게 되지. 그러면서 자기가 사는 세계를 더 나은 세계로 만들려고 애를 쓰게 되는 거야.

역사 속에는 그런 사람이 무수히 많아. 그들도 사실은 저마다 행복한 삶을 꿈꾸었어. 그 꿈이 너무도 간절해서 집단과 공동체의 발전을 생각하고, 자기가 사는 세계를 더 나은 세계로 만들어 가려고 했던 거지. 지금 우리가 어느 정도라도 행복을 누리고 있다면, 그것은 그런 사람들이 애를 쓴 덕분이야.

우리는 누구나 행복한 삶을 꿈꿔. 그런데 우리가 살아가는 세계에는 우리를 행복하게 해 주는 것도 많지만, 우리를 불행에 빠뜨리는 문제도 많아. 더군다나 오늘날 우리에게 닥친 문제는 누구도 피해 갈 수 없는 것들이야. 그리고 우리가 나서지 않으면 결코 해결할 수 없는 문제들이지. 그럼 지금 우리 앞에 어떤 문제가 있는지 알아보고, 이런 문제를 해결하면서 우리가 사는 세계를 더 나은 세계로 만들려면 어떻게 해야 하는지를 함께 생각해 볼까?

전쟁과 폭력이 없이 평화로운 세계

우리가 행복한 삶을 살아가는 데 평화만큼 소중한 것이 있을까? 그런데 안타깝게도 인류 역사는 처음부터 끝없는 전쟁과 폭력의 연속이었어. 현대로 접어들어 전쟁은 더 크고 끔찍해졌지. 과학 기술이 발달하면서 더 무시무시한 무기가 계속해서 나타났어. 그리고 이제는 핵무기까지 등장하여 인류의 종말을 걱정할 지경이 되었지.

그런데도 인간들은 왜 자꾸 전쟁을 하는 것일까? 그것은 전쟁으로 이익을 챙기려는

　사람들이 있기 때문이야. 이들은 자기 이익은 깊숙이 숨겨 둔 채 국가 이익이나 민족의 위대함 같은 그럴싸한 이유를 내세우며 사람들을 전쟁터로 몰아가고 있어.

　또 자기가 옳다고 생각하는 신념을 위해서는 폭력을 휘둘러도 상관없다고 생각하는 사람들이 있기 때문이야. 종교 전쟁이나 인종 학살을 생각해 보렴. 이익이 걸린 전쟁은 그나마 이익을 손에 쥐면 멈추게 되지만, 신념에서 비롯된 전쟁은 상대방을 아예 깡그리 없앨 때까지 계속되지.

　전쟁과 폭력이 사라지지 않는 이유는 또 있어. 폭력을 없애는 길은 폭력뿐이라고 생각하는 사람들이 있기 때문이야. 9·11 테러와 그 이후 벌어진 일을 생각해 보렴. 미국의 군사적 폭력은 9·11를 불렀고, 테러는 다시 테러와의 전쟁을 불렀어.

　폭력은 끊임없이 새로운 폭력을 만들어 낼 뿐, 폭력을 없앨 수 없어. 우리는 아직도 남과 북이 총부리를 겨누고 있어. 서로 상대방을 인정하면서 평화의 발판을 마련하는 것만큼 중요한 것이 있을까?

그런데 눈에 보이는 폭력만 폭력이 아니란다. 직접 폭력을 휘두르지 않더라도 힘을 앞세워 다른 사람에게 원하지 않는 삶을 강요하는 것도 폭력이란다.

선생님은 20세기 역사에서, 아니 인류 역사를 통틀어 간디와 마틴 루서 킹 목사를 가장 존경한단다. 두 사람은 자신들의 삶을 억누르는 세상의 폭력에 맞서, 맨 앞에 서서 한 발도 물러서지 않고 끝까지 싸웠지. 그런데 두 사람은 싸우면서 끝까지 비폭력을 유지했어.

간디와 마틴 루서 킹 목사는 자신들의 목표가 아무리 정의로워도, 수단이 정의롭지 않으면 아무 소용이 없다고 생각했어. 아니, 사실 그들은 비폭력을 수단으로 생각하지 않았어. 자신들이 이루려고 하는 정의 중에 가장 중요한 목표라고 생각했지. 그들은 인간이 인간을 폭력으로 다루는 모든 질서에 반대한 거야. 3·1 만세 운동이나 촛불 시위처럼, 우리에게도 그런 자랑스러운 역사가 있어.

"그런데 선생님, 만약 지금 히틀러 같은 사람이 전쟁을 일으켜서 사람들을 마구 죽이면 그땐 어떻게 해야 하지요?"

참, 대답하기 어려운 질문이로구나. 결국 나도 총을 들고 맞서 싸우겠지. 하지만 다행히도 지금 히틀러 같은 사람이 나타나지는 않았구나. 그런데 히틀러 같은 사람은 하늘에서 뚝 떨어지는 게 아냐. 전쟁으로 문제를 해결하려고 했던 독일 사람들이 만들어 낸 거지.

그러니 히틀러처럼 모든 것을 폭력으로 해결하려는 사람들이 생겨나지 않도록, 나 스스로도 폭력으로 문제를 해결하려는 마음을 갖지 않도록 늘 눈을 부릅뜨고 살아야 해. 그리고 만일 그런 사람이 목소리를 키우면 용기를 내어 힘차게 싸워야겠지. 우리 모두 간디나 킹 목사 같은 사람이 되어서 말이야.

가난, 불평등, 차별이 없이 더불어 사는 세상

너는 무슨 색을 제일 좋아하니? 선생님은 봄에 새싹들이 뿜어내는 연초록색을 참 좋아해. 선생님은 언젠가 초등학교에 다니는 딸에게 이렇게 물은 적이 있어.

"이 세상이 자기가 좋아하는 색깔로만 이루어져 있으면 참 좋겠다. 그렇지?"

그랬더니 노란색을 좋아하는 딸은 눈동자를 돌려 잠깐 생각하더니, 웃으며 말했어.

"아빠도 참, 좋기는 뭐가 좋아요. 하늘도 노란색, 나무도 노란색, 건물도 노란색, 사람도 노란색……. 와, 생각만 해도 끔찍하다. 무지개처럼 서로 다른 색깔이 알록달록 섞여 있는 지금 같은 세상이 훨씬 좋아요."

그래, 색깔은 서로 다른 색깔을 인정하고 어울리며, 세상을 아름답게 꾸미고 있어. 그런데 우리 인간은 어떨까? 네 친구들 중에 '왕따'가 있니? 몸이 불편하다든지, 힘이 약하다든지, 뭔가 다른 점이 있어서 친구 사이에서 집단 따돌림을 당하는 친구 말이야.

그런데 어른들 중에는 사람들 사이에 존재하는 차이와 다양성을 인정하고 존중하기는커녕, 오히려 이런 차이를 내세워 다른 사람들을 차별하는 사람들이 있어. 어른들이 외국인 노동자를 함부로 대하고 차별 대우하는 것을 본 적이 있는지 모르겠구나. 피부색이 약간 다르고 우리말이 서투르고 우리 문화에 익숙하지 않다는 이유로 말이야.

외국인 노동자뿐이 아니야. 사람들은 온갖 차이를 들먹이며 다른 사람을 차별하고 있어. 여자라며, 비정규직 노동자라며, 장애인이라며, 특정 지역 사람이라며, 그들이 인간으로서 당연히 누려야 할 권리를 무시하고 일한 만큼 정당한 대우를 하지 않지.

이런 차별은 왜 생겨날까? 더 많은 부와 권력을 쥔 사람들이 지금보다 더 많은 부와 권력을 움켜쥐려고 하기 때문이야. 그들은 이런저런 차이를 이용해 사람들을 갈라놓고, 한쪽으로 하여금 다른 쪽을 따돌리게 만들어. 그러면서 따돌림으로 생기는 이익 중 일부를 떼어서 한쪽에게 나눠 주고, 나머지 대부분은 자기들이 챙기지. 이들은 이런 식의 차별을 통해 불평등과 가난을 만들어 내면서, 자기들의 부와 지위를 유지하고 있어. 이들은 손 안 대고 코를 푸는 셈이지.

미국은 유럽 백인들이 인디언을 몰아내고 세운 나라야. 그리고 멀리 아프리카에서 흑인들을 끌고 와 노예로 삼고는 채찍으로 때리며 일을 시키던 나라, 백인들이 부와 권력을 독점하고 피부가 검다는 이유로 흑인들에게 온갖 차별을 일삼던 나라야.

그런데 그런 미국에서 얼마 전에 흑인 대통령이 탄생했어. 차별당하거나 차별하지 않고 서로 사이좋게 어울려 지내는 사회를 만들기 위해, 흑인들이 일어서고 백인들이 동참하면서 오랜 싸움 끝에 일구어 낸 변화였지.

이처럼 지금 세계 곳곳에서는 서로의 차이와 다양성을 인정하면서, 차별, 불평등, 가난을 없애 모든 사람이 함께 어울려 사는 세계를 만들어가려는 노력들이 꾸준히 일어나고 있어. 우리도 모든 사람이 서로 사이좋게 어울려 지내는, 그런 세상을 만들어 가야 하지 않겠니?

자연과 인간이 함께 살아가는 조화로운 세계

「바람 계곡의 나우시카」라는 만화 영화를 본 적이 있니? 이 만화 영화 속 인간들은 과학 기술과 산업 문명을 끝없이 발전시키지만, 전쟁으로 인류 문명과 그 터전인 자연을 완전히 파괴하고 말아. 하지만 자신들의 행동을 반성하고, 폐허 위에서 자연과 화해하며 다시 이전처럼 사이좋은 관계를 맺어 가지.

지금 우리 앞에는 「바람 계곡의 나우시카」 속의 일들이 현실로 나타나고 있어. 과학 기술과 산업 문명은 인간의 삶의 터전인 지구를 파괴하면서, 점점 우리의 생존 자체를 위협하고 있어. 자원 고갈도, 지구 온난화와 생태계 파괴도, 핵무기도 모두 과학 기술을 이용한 산업 문명 때문에 생겨난 거야.

그런데 과학 기술과 산업 문명이 아무리 위험한 것이라도, 지금 당장 과학 기술과 산업 문명이 사라지면 우리 삶은 어떻게 될까? 과학 기술은 이미 인류가 생존하는 데 없어서는 안 될 필수 조건이 되었어. 지금 우리 입으로 들어가는 모든 음식도 과학 기술의 힘을 빌리지 않은 것이 없지. 만약 지금 당장 식량을 생산할 때 과학 기술을 사용하지 않기로 하면, 인류는 몇 년도 지나지 않아 거의 대부분 굶어죽고 말 거야.

이렇게 과학 기술과 산업 문명은 우리의 삶을 풍요롭게 하고 우리의 생존을 가능하게 하지만, 동시에 우리의 삶을 근본적으로 위협하고 있어. 이런 상황을 우리는 어떻게 해결해야 할까?

지금 우리 앞에 닥친 문제를 해결하려고 많은 사람들이 다양한 방식으로 애쓰고 있어. 그런데 한 가지 이야기를 해 주고 싶은 것이 있어. 세계를 바라보는 우리의 눈을 근본적으로 바꿀 필요가 있다는 거야.

언제부턴가 사람들은 세계를 인간과 자연, 정신과 물질, 이렇게 둘로 나누어서 자연을 물질로만 보기 시작했어. 이런 생각을 이원론이라고 해. 이원론의 버릇은 인간이 자연을 마음대로 부수고 자르고 줄이고 해도 좋다는 생각으로 이어졌어. 덕분에 인류는 물질의 풍요를 얻었지만, 그보다 더 소중한 것들을 잃어버린 것은 아닐까?

한창 인디언 땅을 빼앗거나 돈으로 사들이면서 인디언들을 몰아내던 미국 정부에게, 1885년 인디언 추장 시애틀은 이런 편지를 보냈어.

"우리는 땅의 한 부분이고, 땅은 우리의 한 부분입니다. 향기로운 꽃들은 우리의 자매이고 곰, 사슴, 커다란 독수리까지 모두 우리의 형제입니다. 거친 바위산과 초원의 푸르름, 조랑말의 따스함 그리고 사람은 모두 한 가족입니다. 짐승이 없다면 사람 또한 무슨 의미가 있겠습니까?

만일 모든 짐승이 사라진다면, 사람도 영혼의 외로움으로 죽고 말 겁니다. 우리는 압니다. 땅이 사람에게 속한 것이 아니라, 사람이 땅에 속해 있다는 것을요. 가족을 묶어 주는 핏줄처럼 모든 것은 연결되어 있습니다. 모든 만물이 이어져 있습니다. 땅에게 일어나는 일은 땅의 자녀에게도 일어납니다. 생명의 거미줄은 사람이 짠 게 아닙니다. 사람은 그 거미줄의 한 오라기에 지나지 않습니다. 그가 거미줄에게 무슨 짓을 하든, 그것은 곧 자신에게 하는 일이 됩니다."

우리 모두 130여 년 전 인디언 추장의 충고를 가슴깊이 새겨야 할 듯싶구나.

모두가 함께 꿈을 꾸면 역사가 된다

선생님은 과거 사람의 삶이 어떻게 내가 사는 이 세계로 이어졌는지, 내가 사는 이 세계는 어떤 모습인지 알아내고 싶었단다. 그래야 어떤 세계를 꿈꿀지, 또 그 세계를 어떻게 만들어 갈지도 알 수 있을 거라고 생각했지. 한마디로 과거의 역사를 아는 사람만이 현재의 세계를 알 수 있고, 현재의 세계를 아는 사람만이 새로운 세계를 꿈꾸고 만들어 갈 수 있다고 생각했어.

그런데 책을 다 쓰고 난 마지막 순간에야 깨달았어. 새로운 세계를 꿈꾸고 만들어 가는 사람만이 현재의 세계와 과거의 역사를 알고 싶어 하고 또 알 수 있다는 것을. 그리고 수많은 사람이 새로운 세계를 함께 꿈꾸고 함께 만들어 갈 때, 그것이 곧 새로운 역사가 된다는 것을.

이 책을 읽은 너희도 마찬가지라는 생각이 들어. 너희가 살고 싶은 세계에 대한 꿈을 키우고, 그런 세계를 만들기 위해 작은 실천이라도 할 때, 그때에야 비로소 이 책을 포함하여 모든 역사책이 살아 있는 생생한 이야기로 되살아날 거야. 이미 죽어 버린 과거 사람들의 지나간 옛날이야기가 아니라, 자신들의 꿈을 갖고서 그 꿈을 이루기 위해 살았던 살아 있는 사람들의 이야기로 말이야.

이제는 너희의 꿈과 실천을 바탕으로, 친구들과 손잡고 새로운 역사를 만들어 가도록 하렴. 그리고 이제까지의 인류 역사도 다시 써 내려가도록 하렴.

20세기가 21세기로 접어드는 무렵 태어나, 21세기를 살아갈 선생님의 초등학생 딸이 쓴 시로 이 책을 마무리하고 싶구나. 부디 너희는 20세기 사람들이 만들어 낸 컴퓨터를 버리지 않으면서도, 함께 손을 맞잡고 옥구슬을 꿰어 예쁜 목걸이를 만들어 내기를. 그리고 그 목걸이를 비에게 되돌려 주기를.

그래서 인류 역사상 가장 위대한 성취와 가장 끔찍한 불행을 만들어 냈고, 스스로 빚어낸 절망의 한가운데에서도 단 한 번도 희망의 끈을 놓지 않았던 사람, 그 20세기 사람들의 위태롭고 안쓰러웠던 삶에도 크나큰 위안이 되어 주기를.

비

정해진

비야
비야
땅을 촉촉히 적셔 줘.

비야
나무들이 목마르대.
손을 흔들며 기다리고 있어.

비야
나한테
조롱조롱
옥구슬을 줘.

너에게
목걸이를 만들어 줄게.

19~20세기 정보·통신의 역사

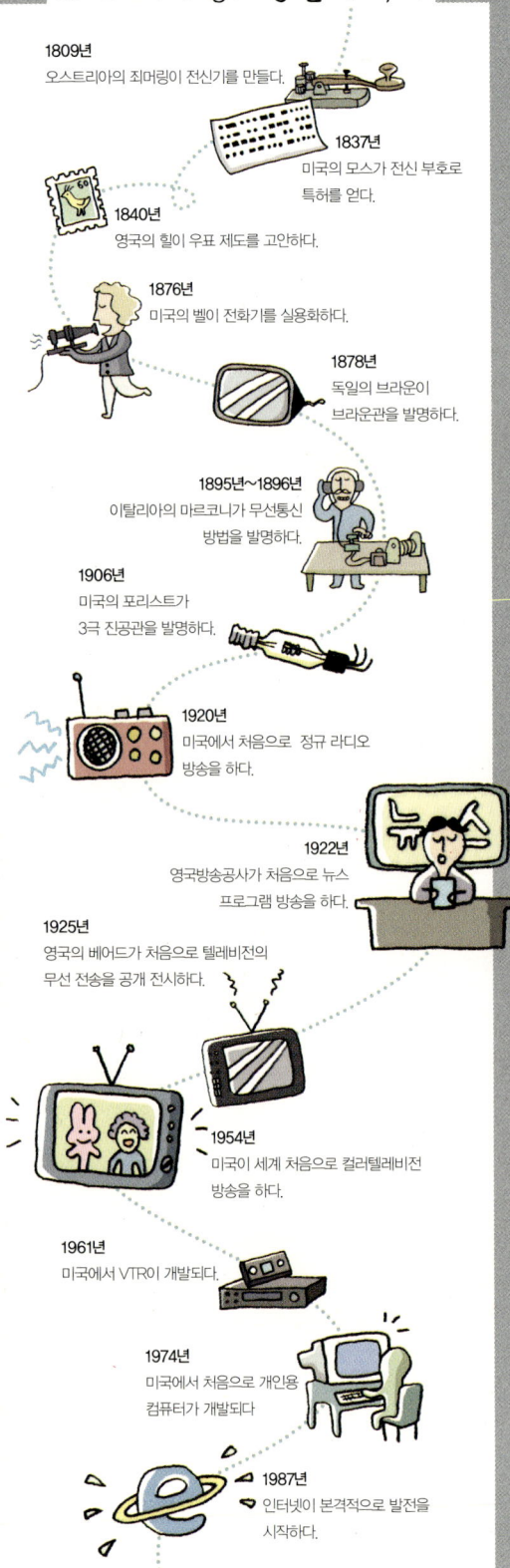

1809년 오스트리아의 죄머링이 전신기를 만들다.

1837년 미국의 모스가 전신 부호로 특허를 얻다.

1840년 영국의 힐이 우표 제도를 고안하다.

1876년 미국의 벨이 전화기를 실용화하다.

1878년 독일의 브라운이 브라운관을 발명하다.

1895년~1896년 이탈리아의 마르코니가 무선통신 방법을 발명하다.

1906년 미국의 포리스트가 3극 진공관을 발명하다.

1920년 미국에서 처음으로 정규 라디오 방송을 하다.

1922년 영국방송공사가 처음으로 뉴스 프로그램 방송을 하다.

1925년 영국의 베어드가 처음으로 텔레비전의 무선 전송을 공개 전시하다.

1954년 미국이 세계 처음으로 컬러텔레비전 방송을 하다.

1961년 미국에서 VTR이 개발되다.

1974년 미국에서 처음으로 개인용 컴퓨터가 개발되다

1987년 인터넷이 본격적으로 발전을 시작하다.

1910~1925년

아시아

1911년 중국에서 신해 혁명이 일어나다.

1912년 청이 멸망하고, 중화민국이 성립되다.

1919년 한국에서 3·1 운동이 일어나다.

1919년 상하이에서 대한민국 임시 정부를 세우다.

1919년 중국에서 5·4 운동이 일어나다.

1924년 중국 국민당과 공산당 사이에 제1차 국·공 합작이 이루어지다.

유럽

1912년 발칸 동맹국이 오스만튀르크 제국과 발칸 전쟁을 하다.

1917년 러시아 혁명이 일어나다.

1918년 제1차 세계 대전이 끝나다.

1919년 독일에서 바이마르 공화국이 성립하다.

1920년 국제 연맹이 창설되다.

1922년 소비에트 사회주의 공화국 연방(소련)이 성립하다.

아프리카

1910년 남아프리카 연방이 세워지다.

1912년 아프리카 민족 회의가 만들어지다.

아메리카

1910년 멕시코 혁명이 일어나다.

| 1925~1955년 | 1955~1980년 | 1980년~ |

1930년 간디가 영국의 인도 식민지 정책에 저항해 소금 행진을 벌이다.
1937년 중·일 전쟁이 일어나다.
1941년 태평양 전쟁이 시작되다.
1948년 대한민국 정부가 수립되다.
1949년 중화 인민 공화국이 성립되다.
1950년 한국전쟁이 일어나다.
1955년 제1회 아시아·아프리카 회의(반둥 회의)가 개최되다.

1960년 한국에서 4·19 혁명이 일어나다.
1961년 한국에서 5·16 군사 쿠데타가 일어나다.
1962년 한국에서 제1차 경제 개발 5개년 계획을 시작하다.
1964년 베트남에서 통킹 만 사건이 일어나다.
1966년 중국에서 문화 대혁명이 일어나다.
1967년 동남아시아 국가 연합이 결성되다.
1967년 제3차 아랍·이스라엘 전쟁이 일어나다.
1973년 제4차 아랍·이스라엘 전쟁으로 석유 파동이 일어나다.
1975년 베트남 전쟁이 끝나다.
1979년 한국에서 10·26 사태가 일어나다.
1979년 이란 혁명이 일어나다.

1980년 한국에서 광주 민주화 운동이 일어나다.
1987년 한국에서 6월 민주항쟁이 일어나다.
1989년 아프가니스탄 주둔 소련군이 모두 철수하다.
1989년 중국에서 톈안먼 사건이 일어나다.
1990년 이라크가 쿠웨이트를 침공하다.
1991년 이라크에서 걸프 전쟁이 일어나다.
1991년 남북한이 유엔에 동시 가입하다.
1997년 아시아에서 경제 위기가 발생하다.
1998년 인도네시아에서 5월 혁명이 일어나다.
2000년 남한과 북한이 처음으로 남북 정상회담을 하다.
2002년 동티모르가 인도네시아로부터 독립하다.
2003년 이라크가 미국과 영국의 침략을 받다.

1928년 영국의 플레밍이 페니실린을 발명하다.
1929년 세계 경제 공황이 일어나다.
1939년 독일군이 폴란드로 진격해 제2차 세계 대전이 시작되다.
1948년 미국이 마셜 계획으로 유럽의 경제를 지원하다.
1948년 소련이 베를린을 봉쇄하다.
1948년 유엔이 세계 인권 선언을 발표하다.
1949년 북대서양 조약 기구가 결성되다.
1955년 바르샤바 조약 기구가 성립되다.

1956년 헝가리에서 자유화 시위가 일어나다.
1957년 소련이 세계 최초로 인공위성(스푸트니크 1호)을 쏘아 올리다.
1957년 유럽 경제 공동체가 발족되다.
1965년 미국이 베트남 전쟁에 군대를 파병하다.
1968년 체코슬로바키아에서 자유화 시위가 일어나다.
1978년 영국에서 최초의 시험관 아기가 탄생하다.

1986년 소련에서 체르노빌 원자력 발전소 폭발 사고가 일어나다.
1989년 베를린 장벽이 무너지다.
1991년 소련이 해체되고, 독립 국가 연합이 출범하다.
1993년 유럽 연합이 출범하다.
1995년 세계 무역 기구(WTO)가 창설되다.
2003년 영국이 영국과 이라크를 침공하다.
2003년 유고슬라비아 연방이 해체되다.

1935년 에티오피아가 이탈리아의 침략을 받다.
1948년 남아프리카 공화국이 아파르트헤이트 정책을 도입하다.
1952년 이집트에서 혁명이 일어나다.

1956년 이집트의 나세르 대통령이 수에즈 운하의 국유화를 선언하다.
1957년 은크루마가 가나의 독립을 이끌다.

1984년 에티오피아에서 대기근으로 약 100만 명이 죽다.
1994년 남아프리카 공화국에서 넬슨 만델라가 대통령에 당선되다.

1933년 미국의 루즈벨트 대통령이 뉴딜 정책을 펴다.
1946년 미국에서 최초의 컴퓨터가 나타나다.
1950년 미국에서 매카시즘이 기세를 떨치다.

1959년 쿠바의 카스트로가 혁명에 성공하다.
1963년 미국의 흑인 지도자 킹 목사가 인종 차별 반대 시위에 나서다.
1969년 미국의 아폴로 11호가 달에 착륙하다.

1981년 미국이 최초로 우주 왕복선 컬럼비아호를 발사하다.
1995년 세계 무역 기구(WTO)가 창설되다.
2001년 미국에서 9·11 테러가 일어나다.
2008년 미국에서 처음으로 흑인 대통령이 당선되다.

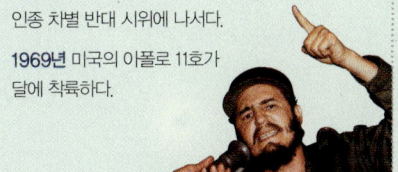

찾아보기

ㄱ

가나 133
간디 153
강력한 미국 197
거품 경제 184
걸프 전쟁 205
경제 개발 협력 기구 188
고르바초프 200
공산당 51, 60, 108
공산주의 체제 110
공화제 56
공화주의 혁명 23
관세 및 무역에 관한 일반 협정 144
국민당 60, 108
국제 연맹 35
국제 통화 기금 145, 208, 213
군국주의 82
그린피스 164
글라스노스트 정책 200
글로벌 기업 209
김구 111
김대중 212
김일성 112

ㄴ

나세르 131
나치 당 79
나치즘 81
나토 102
남북 협상 운동 112
냉전 98
냉전 시대 203
네루 62, 114, 133
넬슨 만델라 175
노르망디 상륙 작전 96
녹색당 164
니콜라이 2세 40
닉슨 137
닉슨 독트린 137

ㄷ

다자간 투자 협정 216
대공황 75, 103, 157
대동아 공영권 93
대량 생산 시대 12
대중 소비 14
대륙간 탄도 미사일 127
대약진 운동 110
대장정 61, 93
대중 민주주의 54
대한민국 임시 정부 59
덩샤오핑 143, 189
동북공정 192
둡체크 142
드골 94
디엔비엔푸 전투 113

ㄹ

러시아 내전 48
러시아 혁명 34, 58
러·일 전쟁 20
레닌 44
레바논 내전 199
레이건 197, 206
레지스탕스 운동 94
로마 클럽 162
루스벨트 75, 96
류사오치 143
리콴유 185

ㅁ

마거릿 대처 194

마루타 91
마르쿠제 158
마셜 플랜 100
마오쩌둥 61
마틴 루서 킹 153
만주 사변 82
만주국 82
메이지 유신 58
멘셰비키 41
「모던 타임스」 10
무솔리니 37
문화 다양성 협약 218
문화 대혁명 143, 189
미나마타병 163
미드웨이 해전 95
민권법 154
민족 자결주의 35
민주 공화정 20
민주주의 혁명 41

ⓑ
바르샤바 조약 기구 102, 135
바오 다이 113
바이마르 공화국 54
바이마르 헌법 54
박정희 136, 185
반둥 회의 130
백군 48
범게르만주의 27
범슬라브주의 27
베르사유 조약 79, 84
베르사유 체제 37
베버리지 104
「베버리지 보고서」 104
베티 프리던 155
베트남 전쟁 137, 160
복지 국가 103
볼셰비키 41
북대서양 조약 기구 102
브란트 138
브레즈네프 141
블랙 파워 154
블록 경제 78, 82
비동맹 운동 134
비동맹주의 133
비틀스 160
비폭력주의 153
빌 게이츠 213

ⓢ
사라예보 28
사르트르 158
사회 보장 제도 187
사회 혁명 24
사회 혁명당 41
사회주의 계획 경제 정책 72
사회주의 혁명 34
산업 혁명 14
3저 현상 187
3·1 운동 59
삼국 동맹 26
상대성 이론 15
새마을 운동 147
세계 경제 포럼 217
세계 무역 기구 208, 216
세계 사회 포럼 217
세계 은행 208
세계화 208
소니 182
소련 51, 85
소비에트 43
소비에트 공화국 45
수정 자본주의 75

수하르토 212
스모그 현상 163
스탈린 51, 96, 124, 140
스탈린그라드 전투 95
스푸트니크 1호 127
시몬 드 보부아르 155
신경제 208
신경제 정책 51, 72
신자유주의 정책 195
신해혁명 23
쑨원 23

ㅇ

아랍 연맹 117
아랍·이스라엘 전쟁 167
아시아·아프리카 회의 130
아옌데 173
아우슈비츠 91
아이젠하워 125
아파르트헤이트 반대 운동 175
아폴로 11호 127
아프리카 통일 기구 174
알 카에다 214
알제리 민족 해방 전선 133

암리차르 학살 사건 61
에밀리아노 사파타 24
에스파냐 내전 81, 84
8시간 노동제 20, 45
여성 참정권 54
『여성의 신비』 157
여운형 111
영국병 195
옐친 203
5·4 운동 59
오사마 빈 라덴 214
외환 위기 212
「우리 공동의 미래」 218
원자 폭탄 17, 90
위임 통치 37
윌슨 31
6월 민주 항쟁 187
유럽 공동체 106
유럽 통합 운동 106
은크루마 174
21개조 59
이란·이라크 전쟁 169
이승만 111, 135
2월 혁명 42

이타이이타이병 163
「인간 환경 선언」 164
인민 민주주의 혁명 100
인민 전선 81
인종주의 81
인터넷 210
잃어버린 10년 184
입체파 19
입헌 군주제 21, 41
입헌 민주당 41
입헌주의 혁명 23

ㅈ

자유 프랑스 94
자유를 위한 행진 154
자유방임주의 70, 74
장제스 85, 109, 185
전두환 187
전략 방위 계획 197
전시 공산주의 정책 50
전체주의 사회 81
제1차 국공 합작 61
제1차 석유 파동 168
제1차 세계 대전 28

『제2의 성』 155
제2인터내셔널 21
제2차 국공 합작 93
제2차 산업 혁명 14
제2차 석유 파동 169, 185
제2차 세계 대전 85
제네바 협정 137
조국 방위 전쟁 44
조선 민주주의 인민 공화국 112
조지 부시 214
존슨 154
좌우 합작 운동 112
중·일 전쟁 82
지구의 벗 164
「지속가능한 발전」 218
진주만 87

ㅊ

차르 20, 34
찰리 채플린 10
참정권 운동 55
처칠 86, 96
천리마 운동 113
체 게바라 169

ㅋ

카스트로 169
컨베이어 벨트 10
컴퓨터 210
케말 파샤 57
코민테른 51
쿠바 미사일 위기 170
클린턴 206

ㅌ

톈안먼 사건 190
토지 개혁 110, 116
통킹 만 사건 137
트로츠키 51
트루먼 선언 100
T형 포드 12
티토 95, 133, 204

ㅍ

파리 협약 137
파시스트 당 38
파시즘 81, 85, 98, 103
판초 비야 24
팔레비 168

패트리엇 미사일 205
페레스트로이카 정책 200
평화 공존 138
평화 헌법 184
평화를 위한 14개 조항 35
포클랜드 전쟁 197
프라하의 봄 142
프랑코 81
플라자 합의 183
피노체트 173
피카소 19

ㅎ

할리우드 145, 213
핵 실험 금지 조약 126
핵무기 경쟁 199
헨리 포드 11
호메이니 168
호치민 64, 113
혼합 경제 정책 116
후세인 214
흐루쇼프 124, 140
흑인 차별 반대 운동 153
히틀러 37, 79, 96

그림
김재홍 님은 본문 그림을 그렸고, 김수현 님은 '클릭! 역사속으로', '아, 그렇구나!' 의 그림을 그렸습니다.

사진 제공
(주)유로-크레온 서비스, 브릿지먼(The Bridgeman Art Library), 유로-크레온, 탑포토(TopPhoto), 유로-크레온, 매그넘(MAGNUM), 유로-크레온, 인터포토(Interfoto)
(주)토픽포토에이전시, 코비스(Corbis), 연합 뉴스 에이전시, ⓒ 미국우주항공국(NASA), ⓒ Successio Miro – SACK, Seoul, 2009,
ⓒ George Segal / ARS, New York – SACK, Seoul, 2009, ⓒ 2009 – Succession Pablo Picasso – SACK (Korea)
* 이 서적내에 사용된 일부 작품은 SACK를 통해 ADAGP, ARS, Succession Picasso와 저작권 계약을 맺은 것입니다.
저작권법에 의하여 한국 내에서 보호를 받는 저작물이므로 무단 전재 및 복제를 금합니다.

※ 맞춤법, 띄어쓰기는 국립국어원에서 펴낸 『표준국어대사전』을 기준으로 삼았습니다. 단, 역사 용어와 띄어쓰기는 교육인적자원부가 펴낸 『교과서편수자료』를 기준으로 했습니다.
※ 외국 인명, 지명은 국립국어원의 『외래어 표기 용례집』을 따랐습니다. 단, 『외래어 표기 용례집』에 나오지 않는 인명, 지명은 현지음에 가깝게 적었습니다. 또 중국 인명은 신해혁명(1911년)을 기점으로 한자음과 현지음으로 나누었고, 중국 지명 중 현재 남아 있는 지명은 현지음, 없어진 지명은 한자음을 따랐습니다.